blue
rider
press

YO SOY DURÁN

YO SOY DURÁN

MI AUTOBIOGRAFÍA

ROBERTO DURÁN

con George Diaz

BLUE RIDER PRESS

New York

blue
rider
press

Una división de Penguin Random House LLC
375 Hudson Street
New York, New York 10014

La Biblioteca del Congreso ha catalogado la edición en inglés.

ISBN 9780735215184

Impreso en los Estados Unidos de América
1   3   5   7   9   10   8   6   4   2

Diseñado por Marysarah Quinn

Quiero dedicar este libro a toda mi familia
y al pueblo panameño. Lo son todo para mí.

CONTENIDO

PRÓLOGO 1

UNO || Peleador callejero 9

DOS || Nueva York, Nueva York 41

TRES || El rey león 77

CUATRO || Sugar Ray enfrenta a Charles Manson 109

CINCO || No más 133

SEIS || Camino de la redención 159

SIETE || *No Moore* 177

OCHO || El campeón 203

NUEVE || «Uno más» 231

DIEZ || La lucha por cinco 251

ONCE || Uno más por la patria 267

DOCE || Las últimas despedidas 283

AGRADECIMIENTOS 303

YO SOY DURÁN

PRÓLOGO

Morí en una mesa de operaciones en un hospital de Buenos Aires. Estuve muerto durante treinta segundos o, al menos, eso es lo que me han dicho.

El 4 de octubre de 2001 sufrí un grave accidente de tráfico con mi hijo, Chavo. Habíamos dejado Panamá el día anterior rumbo a Argentina para una promoción musical en la que estaba involucrado mi hijo. Quería ayudarle, aunque no estaba muy entusiasmado con el viaje —había planeado ir a Vancouver a ver a mi amigo José Sulaimán, el presidente del Consejo Mundial de Boxeo, e iba a llevar a una de mis hijas, Irichelle, con quien no había pasado mucho tiempo en los últimos años—. Pero Chavo era persistente.

—¡Por favor, papi! —rogaba insistentemente.

—No quiero ir —recuerdo haberle dicho—. Tengo un mal presentimiento. —El vuelo estuvo un poco accidentado. Sacudí mi cabeza—. ¿Que te dije? —le pregunté.

En Buenos Aires, fuimos directamente a un buen restaurante y pasamos la tarde haciendo las cosas que más me gustan: comer, beber, pasar un buen rato. Mi hijo estaba viendo un partido de fútbol en televisión y, ya bastante avanzado, resolvió repentinamente ir a ver el segundo tiempo en vivo; averiguó dónde estaban jugando.

—A la vuelta de la esquina —le dijeron.

—¡Vamos! —exclamó Chavo.

—Olvídalo —le respondí—. Quiero quedarme aquí con mi vino, mi champán y mi churrasco.

—¡Vamos, vamos, vamos!

Lo que entusiasmaba tanto a Chavo era que estaba jugando una estrella del fútbol llamado Ariel Ortega —un centrocampista al que apodaban «El Burrito»—. Yo no sabía mucho sobre él, pero tenía claro que quería quedarme en ese bar y continuar bebiendo champán.

—¡Por favor, papi, por favor! ¡No será lo mismo si no vienes! ¡Quiero que conozcas a El Burrito!

—Tengo a tu burrito acá mismo —dije, agarrándome la entrepierna—. Ve tú solo.

—Sería mucho mejor contigo —aseguró Chavo—. Entraremos más rápidamente.

Así que salimos. Para entonces no sólo había oscurecido, también llovía muy duro. No puedo recordar mucho de lo que pasó pero, antes de llegar al estadio, un coche se estrelló contra nosotros por detrás y ambos coches impactaron contra un muro. ¡Bang! Si nuestro conductor hubiese desacelerado creo que nos habría ido bien, pero mantuvo el pie en el acelerador y el coche comenzó a girar a lo largo de esas anchas calles que tienen en Buenos Aires. Si no hubiéramos chocado con esa barrera, nos habríamos estrellado contra un montón de coches y habríamos muerto allí mismo.

Apoyé mi mano contra el asiento delantero y vi que sangraba abundantemente. Me sentí aturdido. Mi otra mano parecía estar partida. Pero lo peor fue que el hombre que estaba sentado junto a mí voló a lo largo del asiento y me golpeó muy duro. Terminé con un pulmón colapsado y ocho costillas rotas. También sangraba por la boca, lo cual hacía difícil respirar. Por fortuna todo el vino y el champán que había bebido ayudaban a que no me doliera tanto.

Me pusieron un collarín y me llevaron volando al hospital. Cuando llegamos estaba muy aturdido y escuché a uno de los médicos en el corredor gritar:

—¡Tengo el reloj de Durán! ¡Tengo el reloj de Manos de Piedra!

A mí lo que más me preocupaba era mi hijo.

—¿Dónde está Chavo? —gritaba una y otra vez—. ¿Dónde está Chavo?

«Por favor —oré a Dios—, llévame a mí, pero a él no; por favor, a él no». Entonces lo vi, con un tubo intravenoso colgando de su brazo. También estaba herido, pero no tanto como yo, aunque orinó sangre durante tres días.

Sin embargo, en Panamá me mataron. La noticia de que había sufrido un accidente se difundió y, antes de que pudiera decir nada, estaban informando que había fallecido en el accidente. Los rumores sumieron al país en un frenesí. Convencidos de que había muerto, comenzaron a vender suéteres, llaveros, dijes, recuerdos, todo tipo de chucherías con mi nombre o foto en ellas. En el hospital, me cagué de la risa.

Pero para la familia en casa no fue tan gracioso. Al día siguiente del accidente, mi hermano Pototo le abrió la puerta a un vecino que le dijo:

—¿Estás viendo las noticias acerca de tu hermano? Está en condición crítica. —Y desde ese momento habían estado desesperados por recibir noticias. Pototo no supo qué hacer, así que llamó a mi esposa, Fula. Al menos Fula pudo volar a Buenos Aires y calmar a todo el mundo.

Resultó que una de las costillas había perforado mi pulmón, lo cual hizo que tuviera agua en el pulmón, así que los médicos me mantuvieron internado dos días para operarme una vez la contusión y la hinchazón disminuyeran. Y luego me dio una infección.

Más tarde me dijeron que fue entonces cuando tuve un paro cardíaco durante dos o tres minutos.

—Si hubiera sido cualquier otra persona —afirmó el doctor—, habría muerto.

Pero, gracias a Dios, mi buena salud y fuerza física impidieron que muriera.

Cuando recuperé la conciencia, todo era blanco. ¡Chuleta! Pensé que *había* muerto.

—¿Estoy en el cielo? —exclamé.

—Aún no, Cholo —respondió un anciano a mi lado—. ¡Aún no!

Fue entonces cuando el médico finalmente me dijo la verdad: mi pulmón había sufrido mucho daño y yo debía considerarme afortunado de estar vivo.

—Durán, no más peleas. Tienes que retirarte. —Yo no tenía intención de discutir con los médicos.

El 16 de noviembre por fin pude regresar a casa —casi seis semanas después del accidente— y los médicos me dijeron que necesitaría cuatro meses más para recuperarme completamente. La experiencia fue realmente dura: había llorado del dolor.

Así que, en enero de 2002, me retiré. Supongo que no me molestaba dejar el deporte de esa manera, aunque antes del accidente nunca se me había ocurrido pensar en retirarme, ni siquiera unos meses antes cuando perdí frente a Héctor «Macho» Camacho. Si no hubiera resultado tan malherido en el accidente, no sé si habría seguido peleando. De hecho, lo que probablemente me haya salvado la vida sea haber estado en muy buena forma a raíz de esa pelea con Camacho.

Pero, aunque tenía cincuenta años cuando me retiré, con gusto habría molido a palos a todos los oportunistas del deporte. Lo mismo pasa con los boxeadores hoy en día: Pacquiao, Mayweather, son patéticos. Podría haberles ganado a todos ellos.

A lo largo de toda mi carrera en el boxeo —treinta y tres años— nunca pensé que alguien podría ganarme. Nunca pensé que me sucedería algo malo en el cuadrilátero. Iba a ganar, o iba a noquear a alguien, lo hice muchas veces. Basta con mirar mi expediente. Le gané al ídolo estadounidense Sugar Ray Leonard. Noqueé al héroe de Puerto Rico,

Esteban de Jesús. Wilfred Benítez. Iran Barkley, a pesar de que la gente pensó que Barkley me iba a matar. Casi lo mato yo a él. Recordar esas cosas me hace reír.

Mi estrategia era muy sencilla. En mi vida personal no soy un animal, pero en el ring había un animal dentro de mí. A veces rugía en el momento en que sonaba la primera campana. A veces me lanzaba al ataque más adelante en la pelea. Pero siempre podía sentirlo allí, guiándome e impulsándome. Era lo que me hacía ganar, lo que me hacía disfrutar de las peleas.

Lo peor que podías hacer conmigo era tenerme miedo, porque yo olía el miedo. Yo nunca temí a nadie, ni siquiera cuando era niño. Crecí en las calles y, después de la infancia que tuve, ¿de quién coño iba a tener miedo? Peleé en las calles mucho antes de hacerlo en un gimnasio. Me acercaba a la esquina y le decía a Plomo, mi primer entrenador:

—Él me golpeó duro, pero yo voy a darle más duro.

Plomo vio ese instinto. Las calles me enseñaron todo lo que necesitaba saber sobre la vida y el boxeo.

El boxeo me lo ha dado todo. He conocido a los ricos y famosos. Frank Sinatra, Bob Hope, Sylvester Stallone, Robert De Niro, Diego Maradona. He viajado por el mundo. Nueva York, Las Vegas, Atlantic City, Montreal, Londres, China. Los panameños me aman. Me *adoran*. Soy un ídolo en mi país, pero a veces creo que los gringos me aman aún más. He sido honrado por presidentes —grandes presidentes como Nelson Mandela—. He parrandeado en limusinas y aviones privados fletados por el gobierno. He dormido en el palacio presidencial de Panamá. He cenado y me he embriagado con estrellas de Hollywood, tocado y cantado junto a algunos de los grandes de la salsa latina. He comprado docenas de coches, bebido los mejores vinos, comido deliciosas carnes. El boxeo me dio todo eso y más. Y a veces bebo mucho. ¿Y qué? La vida es para disfrutarla y la mía ha sido una fiesta. La jodienda, la llamamos los latinos.

El boxeo es parte de mi vida, pero también lo son mi familia y amigos. Es difícil mantener todo enfocado todo el tiempo, desde cuando eres un *pelao*, un niño, hasta cuando eres un hombre llegando a los cincuenta y que aún lucha por su familia, por su orgullo, por todos aquellos fanáticos, por la alegría de ser respetado por la gente que realmente le importa.

Soy un hombre de familia que ama a su esposa, pero también he dormido con otras y soy padre de otros niños. No me excuso por ello. Como campeón del mundo, como uno de los hombres más famosos y honrados en Panamá, he estado rodeado de tentaciones todos los días y no voy a pedir disculpas por las cosas que he hecho. Gracias a Dios tengo una esposa hermosa, inteligente, indulgente y amorosa. También tengo cinco hermosos hijos con Fula: tres niños y dos niñas. Son todo para mí, dones de Dios.

Siempre me encontrarás de buen humor. Y si llego a estar de mal humor, en un instante me lo sacudo. Tal vez por eso siempre he tenido que luchar para mantener el peso. Cuando eres campeón del mundo y has logrado todo lo que quieres, es difícil mantener el compromiso. Yo peleaba, luego bebía, parrandeaba y aumentaba de peso. Tenía que perder veinte, treinta libras en un mes y eso era como derramar lágrimas de sangre. Y a pesar de ello ganaba. Amaba boxear, pero también amaba las otras cosas de la vida y nunca iba a prescindir de ellas. Eso enloquecía a mis entrenadores y mánagers. Pero ellos no eran los que se rompían el trasero en el gimnasio y ganaban todas las peleas. Yo fui el que los hizo famosos, no al revés.

Basta con mirar mi expediente. Más de cien victorias, setenta por nocaut. Cinco títulos mundiales en cuatro divisiones diferentes. Fui campeón mundial a los veintiún años. Campeón nuevamente a los treinta y siete. Peleé durante cinco décadas, desde 1968 hasta 2001. La gente me considera el mejor peso ligero de todos los tiempos. Y, ¿por qué no?, creo que lo soy. Como a menudo he dicho: «Sólo hay una leyenda, y soy yo».

Manos de Piedra. El Cholo.

UNO

PELEADOR

CALLEJERO

Soy un niño de la calle. Mis vecinos eran ladrones, putas y asesinos. Mi padre no andaba por ahí y nunca pasé más allá del tercer grado. Sigo sin leer o escribir mucho, pero sé lo que es la pobreza porque mi infancia fue un asco. Mierda.

Hoy en día sigo creyendo que los campeones de boxeo nunca surgen de vecindarios ricos. Vienen de los barrios, de las alcantarillas: es la ley de Dios. Dios escribió mi guión antes de que yo naciera. Todo lo que tenía que hacer era seguir el camino que Él fijó para mí. No era un camino fácil. A veces tuve que dormir en la calle con un periódico por manta. Que hiciera buen tiempo, mal tiempo; no importaba que estuviera lloviendo o haciendo un calor infernal. Mi mánager, Carlos Eleta, alguna vez afirmó que yo era un gitano:

—Le gusta ser libre —dijo. Está bien, un gitano, pero sobreviví.

Cuando eres un pelao —el apodo que dan a los niños de la calle en Panamá—, no piensas en lo que tienes o no tienes. Vives día a día, cada puto día. Luchas para encontrar comida.

Luchas para proteger a tus hermanos y hermanas. Yo era demasiado joven para procesar todo esto en esa época, por supuesto, e incluso ahora pienso poco en ello, pero sé que está ahí, y aun cuando me hice rico nunca olvidé de dónde vengo. No tuve juguetes, no hubo camiones de lujo para mi cumpleaños, ni ropa elegante. Nada de esa mierda. Se trataba sólo de *lo que necesitaba*.

Nací en los brazos de mi abuela, doña Ceferina García, el 16 de junio de 1951 y me dieron el nombre de Roberto Durán Samaniego. Mi madre llegaba tarde a todo y ni siquiera logró llegar a tiempo al hospital. Cuando comenzaron las contracciones, se quedó en casa y así nací en Casa de Piedra, en la Avenida A, número 147, cuarto 96, en El Chorrillo, un barrio de clase trabajadora cerca del agua en Ciudad de Panamá, no lejos de la entrada al Canal de Panamá.

En la década de 1950, Panamá era un país duro, no como ahora. Al gobierno le tenían sin cuidado cosas como la educación y darle seguridad a la gente. El Canal de Panamá estaba causando mucha tensión. Los estudiantes se manifestaban contra Estados Unidos y luchaban con la Guardia Nacional. Había mucha violencia, disturbios; para el pueblo, sólo desesperación y pobreza. Cuando nací, uno llegaba al mundo desnudo y tenía que cuidarse a sí mismo de inmediato, porque nadie iba a hacerlo. Pregúntale a mi madre.

Mi madre, Clara Esther Samaniego, era panameña, pero mi papá, Margarito Durán Sánchez, era un soldado mexicano-americano. Me hizo y se largó cuando yo tenía un año y medio. No volví a verlo por veinte años, cuando yo estaba peleando profesionalmente en Los Ángeles, y no volví a verlo. En todos esos años en los que él estuvo ausente de mi vida no gasté mucho tiempo pensando en él. ¿Por qué iba a hacerlo? Para mí, él no era nada.

Mi padre conoció a mi madre cuando trabajaba como cocinero para el ejército de Estados Unidos en la zona del Canal de Panamá. Ella tenía veinte años en ese momento y, antes de irse, él le dio otro hijo, Alcibíades, pero ese niño murió de un problema cardíaco cuando tenía dos años. Fue sepultado en un cementerio para familias pobres: apenas teníamos suficiente dinero para comida, ¿cómo íbamos a pagar una lápida? Mi madre ya tenía otro hijo, Domingo («Toti»), de una relación con un puertorriqueño, y una hija, Marina, de una relación con un filipino. La vida no era fácil, pero ella no la hacía más fácil para sí misma ni para nosotros.

En El Chorrillo definitivamente no había casas de lujo, sólo edificios de madera: incluso tugurios, y muchos, muchos bares. La mayoría de los que vivían allí eran inmigrantes que trabajaban en la construcción del Canal de Panamá, sobre todo gente del Caribe, que en ese entonces era aún más pobre que Panamá. Había gente mala, tipos que por dinero robaban cigarrillos y cerveza de las bases del ejército de Estados Unidos, pero también había buenas personas —profesores y vendedores— que nos cuidaban a nosotros, los niños.

No fui mucho a la escuela porque nadie me obligaba. No me interesaba y no le veía mucho sentido. Cuando asistía, sólo desayunaba y me iba, puesto que no teníamos dinero para nada. Tuve una cajita que contenía materiales para brillar zapatos, así que de la escuela me dirigía a casa, me cambiaba de ropa y salía nuevamente a brillar zapatos. Y así es como comencé mi vida: lustrando zapatos en la acera cuando debería haber estado en la escuela.

Fue bueno que no pasara mucho tiempo en la escuela, porque siempre que iba terminaba metiéndome en peleas y me echaban. En aquel entonces yo era más un luchador y prefería tumbar a la gente al piso; aún entonces, al igual que en el ring, nunca retrocedí. Pero no era culpa mía. Los niños de los grados quinto y sexto siempre molestaban a los pelaos de primer grado. Así que un día, uno de los alumnos de sexto empezó a molestar a uno de los niños de primero. Intervine, lo derribé y lo dejé boqueando en busca de aire. Me llevaron a la oficina del director y esa vez me expulsaron de la escuela para siempre. Mi madre me llevó a otra escuela y sucedió lo mismo. Al final dejé de ir a la escuela definitivamente y todas las mañanas abandonaba la casa para brillar zapatos y vender periódicos con mi hermano mayor Toti.

Hablo de la casa, pero allí no había nada para mí. No había papá y mi madre no estaba muy interesada en mí. Se cansaba de cuidarme y me mandaba a Guararé, donde vivía mi abuela. Quedaba a unas 150 millas de distancia, por lo que tenía que viajar durante ocho horas eternas en un puto camión para transportar pollos. ¡Chuleta! Y mi abuela no era mejor que mi madre. Cada vez que me aparecía por allá, intentaba endosarme a otros parientes y, si ellos no se dejaban, me mandaba a donde sus amigos. Siempre me dijo que había demasiados niños y poco dinero. Era cierto: había días en que no había nada para comer, y como resultado aprendimos muy temprano en la vida a valernos por nosotros mismos. Desde el momento en que empecé a callejear, ayudé a mi madre, a Toti, a mi hermana y a mis otros hermanos y hermanas. Entre todos hacíamos lo que podíamos para sobrevivir.

Aunque no era más que un niño, hacía cualquier cosa para conseguir dinero para mi familia. Salía a cortar leña y luego usaba el dinero para comprar leche y arroz, y eso era lo que comíamos ese día. Pero mi familia era sólo una entre muchas que tenían este tipo de vida. Había un montón de pelaos como yo. Uno de los grupos religiosos recaudaba fondos —vendiendo boletos de dos dólares para una rifa— para una fiesta de Navidad para los pelaos. El premio era un galón de Johnnie Walker Black. Muchos hombres compraban boletos. Saltábamos las verjas de la parte elegante del barrio llamado La Zona para buscar comida en los contenedores de basura. Quienes tenían más dinero y los gringos, que trabajaban en el Canal, tiraban la comida que no querían, lo cual era genial para nosotros. ¡Los días en que todos podíamos comer adecuadamente eran verdaderas celebraciones!

Un día conocí a un artista callejero y buscavidas llamado «Chaflán» —así lo llamaba todo el mundo, pero su verdadero nombre era Cándido Natalio Díaz—. Todos decían que Chaflán estaba loco, pero era un buen hombre y, para mí, era una leyenda. Lucía un sombrero de marinero por la ciudad y bailaba en las cantinas. Siempre había diez o quince niños a su alrededor, incluyéndome a mí, y lo seguíamos por todas partes. Nos empujábamos alrededor de él, haciendo muecas, volteretas en el aire y parándonos en las manos mientras él bailaba, con la esperanza de que alguien lanzara dinero a nuestros pies. Él sabía lo difícil que era ganarse unas monedas y por eso no lo abandonábamos.

Pasar tanto tiempo con Chaflán fue lo que fortaleció mis brazos. Cada día actuaba: me paraba en las manos y daba volteretas en el aire, realizaba trucos, todo con la esperanza de que los transeúntes nos lanzaran una moneda o dos. Éramos gamines. A mí me llamaban «Cholo» o «Cholito», a causa de mi herencia mixta de indio y blanco... tenía la nariz y la sangre de mi padre. A veces, cuando Chaflán había hecho suficiente dinero, nos llevaba a la playa y nos daba de comer. Luego, nos hacía luchar hasta que terminábamos cubiertos de arena. En aquel entonces, la lucha libre era muy popular y muchos luchadores visitaban Panamá. Luego nos metíamos al mar para lavarnos la arena y entrábamos a un restaurante español llamado El Gato Negro, donde comíamos camarones, arroz amarillo y un vaso de agua, tras lo cual estábamos listos para irnos.

Nos las arreglábamos para ganar diez centavos aquí y allá trajinando en las calles. Chaflán reunía siete u ocho niños para vender periódicos en la Avenida 4 de Julio; nos levantábamos muy temprano e íbamos con él a la imprenta del diario *La Estrella de Panamá*, donde los periódicos salían de las prensas alrededor de las cinco de la mañana. Había una ventana donde uno los recogía; los primeros niños que conseguían un paquete lo vendían rápidamente pero, para los niños pequeños como nosotros, era más difícil. Los niños más grandes siempre nos ganaban y vendían más.

Cuando no estábamos vendiendo periódicos, Toti y yo brillábamos zapatos en un lugar llamado Calle Gota. Cuando los soldados estadounidenses que trabajaban en el Canal de Panamá salían de fiesta y a perseguir a las prostitutas, nosotros los abordábamos. La primera palabra que aprendí en inglés fue *¿shoeshine?* (¿le lustro los zapatos?). Era lo que solía decirle a los gringos para ganarme unos centavos: ¿Le lustro los zapatos? ¿Le lustro los zapatos?

Funcionaba así: yo lustraba los zapatos mientras Toti vigilaba, porque siempre había un guardia en la esquina de la calle, incluso a medianoche. Si la policía llegaba, él gritaba «¡Policías!», y corríamos a escondernos detrás de un edificio. A veces nos cogían y nos llevaban al tribunal de menores; a veces pasábamos la noche en la cárcel, antes de que nos liberaran al día siguiente. La policía siempre estaba acosando a los niños de la calle, pero no nos importaba: tan pronto nos dejaban en libertad, volvíamos a brillar zapatos en las calles. La misma mierda todos los días. Nos las arreglábamos con nuestros diez centavos entre ambos y cada vez que yo lograba reunir cincuenta centavos me iba al cine. El resto se lo daba siempre a mi madre, porque ella tenía más bocas que alimentar y lo necesitaba más que yo.

A veces tomaba el dinero e iba a nuestra iglesia local, la Iglesia de Santa Ana, a encender velas por mis hermanos y hermanas y pedirles a los santos que nos protegieran. Si tenía dinero suficiente, encendía una vela para cada uno de ellos, diez centavos cada vez. Honraba a todos los santos: no tenía uno favorito hasta que mi madre me hizo honrar al de ella, la Virgen del Carmen. Ella es la patrona y protectora de los marineros y pescadores. Años más tarde, recuerdo que me dirigía a una conferencia de prensa previa a una pelea en Cleveland con mi exmánager Luis de Cubas, cuando el vuelo se puso realmente movido, muy movido.

—No te preocupes —le dije—. Cuando era pequeño, brillaba zapatos cada día para ayudar a mi mamá y hermanos. Pero antes de regresar a casa siempre iba a la iglesia a encender una vela por mi familia para que Dios nos ayudara. Dios siempre me va a ayudar. No vamos a morir. —Y tenía razón.

Cuando estaba creciendo, nada cambiaba mucho de un día a otro. Trajinaba para ganarme unas monedas, vendía periódicos, a veces trabajaba en una tienda cortando hielo y distribuyéndolo. Gracias a Dios no era un ladrón y nunca en mi vida he fumado. Incluso entonces me gustaba tomarme una copa de vez en cuando pero, aunque las veía a diario, nunca consumí drogas; me siento orgulloso por eso.

Cuando no estaba lustrando zapatos o vendiendo periódicos, me despertaba a las cinco de la mañana a esperar a que abriera el mercado. Los ancianos que hacían sus compras allí solían ser frágiles, así que Toti y yo les sosteníamos las bolsas mientras hacían sus compras, y cuando estaban llenas las llevábamos hasta sus coches o a sus hogares. Nos daban propinas de cinco o diez centavos. Había una señora que vendía chicha —una bebida hecha de maíz— y arepas, un pan plano hecho de maíz molido. Tan pronto recibía mis primeros diez centavos, me compraba una arepa y una bebida.

Mi otra debilidad eran las películas. Amaba las imágenes e iba siempre que podía. Veía cualquier cosa —películas de acción, dibujos animados de Blue Devil, *King Kong*, películas de vaqueros y de terror como *Zombie contra la momia*, o películas con mis luchadores mexicanos favoritos: El Santo, El Vampiro, el Huracán Ramírez y Black Shadow. ¡Aunque para las primeras no entendía una palabra de inglés, las amaba!—. El teatro abría alrededor de la una de la tarde y la entrada costaba veinticinco centavos. Después de la primera proyección le pedía a la persona de la taquilla permiso para salir y corría a un restaurante a pedir pan y agua. Me los daban gratis. Regresaba al cine con el pan en una bolsa y veía otra película. Había un par de lugares a los que me encantaba ir: el Teatro Presidente y el Teatro Tropical. Una vez en el Teatro Presidente conocí a Miguel Manzano, un famoso actor mexicano, y cuando salió le dije:

—¿Puedo limpiar sus zapatos?

—¿Cuánto?

—Diez centavos.

Así que metió la mano en su bolsillo, sacó unas monedas panameñas y yo le señalé la de diez. En el Teatro Tropical también conocí a Demetrio González, un actor y cantante de música ranchera mexicano, y hubo otro actor mexicano al que conocí en el Teatro Apolo. Pagué treinta y cinco centavos para ver un espectáculo y le pregunté si podía ponerme el gran sombrero mexicano que llevaba.

—Póntelo, hijo —me respondió. Pensé que era genial. Yo debía tener diez años y nunca lo olvidaré. Para nosotros ellos eran verdaderas estrellas y yo pasaba semanas enteras presumiendo de haberlos visto.

No había mucho más en cuanto a diversión y distracción. Había una piscina en el barrio a la que le encantaba ir a todos los pelaos. Un día salté al agua mientras se desarrollaba una práctica para un encuentro de natación. Lo único que quería era darme un chapuzón y refrescarme, pero no sabía nadar y comencé a hundirme; todo el mundo podía ver que estaba ahogándome. Todos se lanzaron a salvarme.

—Oye, pelao, no puedes estar aquí —me dijo el salvavidas mientras me echaba.

Así que empecé a ir a la playa para aprender a nadar y eventualmente regresé y le dije al tipo encargado de la piscina:

—Señor Toto, estoy listo para competir. —Me puso en el carril del centro. Cuando sonó la señal, ¡bum!, salté. Mi principal competencia era un chico más grande, pero terminamos empatados.

—Puedes venir y practicar todos los días —me dijo el señor Toto. Pero la natación nunca me apasionó. No quería nadar. No quería competir, nada de esas tonterías. Sólo quería demostrar que podía ganar si me lo proponía.

Para cuando tenía once o doce años, Toti y yo habíamos encontrado trabajo haciendo trabajos variados en un hotel llamado Roosevelt, propiedad de un tipo llamado José Manuel Gómez, conocido como «Viejo». Era un lugar popular con los estadounidenses, especialmente los soldados, y nosotros trabajábamos con el equipo de mantenimiento del hotel haciendo los trabajos que nadie más quería hacer. Hicimos un buen trabajo y le resulté simpático al señor Gómez, así que me puso a reparar sillas, limpiar los lavabos, pintar paredes, barrer suelos y recoger basura.

Un día vi una bicicleta en la bodega.

—Ni lo pienses —dijo el señor Gómez, quien me había visto examinándola—. No tiene frenos. Si tratas de montar en eso te matarás.

Obviamente, no lo escuché. Alrededor de las ocho, saqué la bicicleta para dar una vuelta. Descendí como un rayo por la cuesta, muerto de miedo porque todos los coches se precipitaban a mi lado en la dirección opuesta. ¡Chuleta! Puse los pies en el suelo para tratar de detener la bicicleta y se me enredaron. La bicicleta salió volando y yo también. Cuando finalmente me detuve, estaba todo golpeado. Me sangraba la cabeza, me había raspado los brazos y caminé de regreso al hotel con la bicicleta dañada. La guardé en la bodega esperando que el señor Gómez nunca notara que ahora estaba destruida. Obviamente se dio cuenta, pero sólo se rio de mí por no escucharlo.

—¡Te lo dije! —me repetía. Tenía razón y yo pasé semanas adolorido.

También íbamos a La Zona, el exclusivo barrio donde vivían los gringos y los panameños ricos, y robábamos mangos. Íbamos tres y saltábamos las vallas para conseguir los mejores mangos, donde los otros niños no se atrevían a ir. Fue entonces cuando toda la práctica de natación me resultó útil, pues teníamos que nadar dos millas para llegar allí, cargar y luego nadar dos millas de regreso con los sacos de mangos flotando a nuestro lado. Cuando llegábamos nuevamente a El Chorrillo, había un montón de niños mayores esperándonos. Saltaban sobre nosotros, nos golpeaban y robaban nuestros mangos. Si lográbamos evitarlos, vendíamos los mangos y comprábamos comida para la familia. Un día fui detenido después de uno de estos negocios —no era problema, no era la primera vez— y resultó ser un gran error de los policías, porque cuando mi madre vino a pagar la fianza vieron que éramos tan pobres que le dieron cinco dólares. Cinco dólares eran una fortuna para nosotros, así que me pareció buena idea ir y robar más mangos. Así me arrestarían de nuevo, ¡bam!, otros cinco dólares, muchas gracias. ¡Desde entonces fui arrestado todos los días! ¡Fue fantástico!

Encontramos otras formas de ganar dinero. Había un lugar llamado Tiro al Blanco, un campo de tiro donde mirábamos a los gringos practicar. Cuando se iban, recogíamos los cascos de plomo, mientras alguien vigilaba por si llegaban los policías. Luego se los llevábamos a un tipo que los pesaba y pagaba por el plomo. Quienquiera que llegara primero al campo de tiro, recogía la mayoría de los cascos. Pesaban una tonelada, pero a veces salíamos de allí con seis o siete dólares.

Cuando no estábamos robando mangos, mi hermano Toti y yo solíamos repartir hielo en una carretilla. En Navidad la gente compraba más hielo para todas las fiestas y yo podía ganarme hasta veinte dólares, lo cual nos permitía disfrutar también de la Navidad.

Había un caballero que no tenía dinero.

—¿Qué puedo darte en su lugar? —me preguntó.

—Un par de patines —le contesté.

—Cuenta con ellos —dijo.

Al día siguiente en el Roosevelt mi hermano me dijo:

—Mira, un caballero te dejó un regalo. —Así fue como aprendí a patinar. Lo recuerdo muy bien porque eran la cosa más costosa que había tenido en mi vida. No crecí con cosas así, mi madre diría que crecí con nada.

Hice todo lo posible para ayudar a mi madre, porque ella tenía ocho hijos que cuidar, de varios padres. Tres años después de que mi padre se fue, mi madre conoció a otro hombre, Victorino Vargas, se enamoró y tuvo cinco hijos más: Víctor, Armando («Pototo»), Chavela, Navela y Niami. Mi padrastro era un músico que tocaba la guitarra en un grupo llamado Sindo López. Fue en un baile típico donde se conocieron. Mi madre encontró un trabajo de niñera, pero era a unos cuarenta minutos de la casa, así que nos llevaba a algunos de nosotros y yo llevaba mi caja de lustrador de zapatos y trataba de ganar algún dinero frente a un restaurante cercano mientras mi madre llevaba a los niños al parque. Pero la despidieron porque no era muy buena niñera, así que he mantenido a mi madre prácticamente toda mi vida, ¡y sigo haciéndolo!

Tal vez no habría comenzado a boxear si no hubiera sido por Toti. Él era boxeador antes que yo y solía entrenar en el viejo gimnasio Neco de la Guardia. Llevaba su pequeña bolsa de deporte con él. No le cabía mucho: sólo las vendas, los guantes y el protector bucal. Era más como una lonchera, ni siquiera cabían sus botines. No podía quitarle la vista de encima: algún día, pensé, quiero tener una como esa. Sólo tenía ocho años cuando un día Toti me dijo:

—Roberto, ven conmigo. —Llegamos al gimnasio y agregó—: Espera aquí, voy al vestuario.

Fui y me senté en las gradas y entonces ¡salió con su pantaloneta y la bata de boxeo! Había un boxeador profesional que entrenaba allí, Adolfo Osses, un peso gallo, y le dijo a Toti:

—¿Vas a ayudarme a entrenar?

—Seguro.

Mientras observaba al entrenador ponerle el protector de cabeza y el protector bucal a mi hermano, quedé hechizado. Eso era lo que quería.

Cuando Toti terminó de pelear, le pregunté cómo podría conseguir todas esas cosas.

—Conviértete en boxeador.

Y eso fue lo que hice. Iba al gimnasio todos los días. Pero nadie quería trabajar conmigo: pesaba sólo 84 libras. Les parecía que era un *pelaito*, demasiado bajito, demasiado liviano y demasiado joven.

—¿Cuándo me dejarán practicar? —le pregunté a Toti un día.

—Necesitas un mánager —me respondió.

—¿Un mánager? ¿Qué es eso?

—Un mánager es alguien que podría ayudarte. —Pero nunca pude encontrar uno.

Hasta que un día fui con Toti a su pesaje y un tipo no se presentó, un tipo de 105 libras.

—¡Pelearé! —les dije.

Puesto que sólo pesaba 84 libras, el entrenador puso una roca en cada uno de los bolsillos de mi pantaloneta para aumentar mi peso. ¡Quedé pesando exactamente 100 libras! Toti no quería que yo peleara porque el otro chico tenía mucha más experiencia —cuatro, cinco, seis peleas—, pero a mí no me importaba. Quería entrar al cuadrilátero, a pesar de que sólo había estado practicando con los sacos y no había tenido un entrenamiento adecuado.

—Lo voy a moler a palos —le dije al entrenador. Sabía que ganaría.

Y esa fue mi primera pelea de aficionado. Lo saqué en cuatro asaltos, casi lo mato y gané tres dólares. Un dólar para mi entrenador, le di un dólar con cincuenta centavos a mi madre y me quedé con cincuenta centavos para ir al cine. Esto era lo mejor del mundo, pensé —mucho mejor que toda la mierda que tenía que hacer en las calles para juntar algún dinero—. Para mí se había acabado el oficio de lustrabotas o la venta de periódicos. Me iba a convertir en boxeador.

Toti y yo íbamos a entrenar en el gimnasio Marañón, que también tenía una cancha de baloncesto. Llegábamos al mediodía y debíamos esperar fuera a que terminaran de jugar baloncesto; entonces nos abrían las puertas y yo me dedicaba a entrenar por mi cuenta. Allá fue donde conocí a «Plomo», quien se convertiría en mi entrenador y amigo. Su verdadero nombre era Néstor Quiñones y había sido boxeador aficionado. Me acerqué a Plomo y le dije:

—Quiero que seas mi entrenador. —Tenía trece años.

—Está bien —respondió—. Preséntate aquí a mediodía mañana. —Desde entonces fue mi entrenador y, en esos primeros tiempos, más parecía un padre. Lo llamábamos «Plomito». Plomo era especial; por ejemplo, era un tremendo masajista. Su hermano Saúl también trabajó conmigo. Plomo me enseñó algunas cosas, pero cuando se nace para boxear uno mismo descubre las cosas y eso fue lo que yo hice. Aun así, me quedé con Plomo hasta su muerte.

Aunque fue Toti quien me metió en el boxeo, él no era mi ídolo. Había otro hombre llamado Ismael Laguna, el más grande boxeador de Panamá. Le llamaban «El Tigre Colonense», y en 1962 se convirtió en el campeón peso pluma panameño. Cuando empecé a aprender sobre el boxeo me di cuenta de que esa era la persona que yo quería ser. La primera vez que lo vi boxear fue en 1965, cuando se enfrentó a Carlos Ortíz por el título mundial de peso ligero en el Estadio Nacional en Ciudad de Panamá. Tendría unos catorce años. Viajé hasta el estadio en un camión de ganado pero no tenía dinero para entrar, así que esperé. Durante los tres últimos asaltos abrieron las puertas, y no te imaginas cómo se apresuró a entrar la gente: ¡como una colonia de hormigas! Había tanta gente empujando que rompieron las puertas. Estaban en el final del decimocuarto asalto cuando por fin conseguí llegar cerca al cuadrilátero, fascinado por todo el espectáculo. Recuerdo al entrenador gritando:

—Golpéalo con un *jab*. ¡Gancho izquierdo! ¡Contragolpe!
—Yo era todavía un niño, pero supe que eso era lo que quería hacer en la vida.

Laguna ganó y le dieron un trofeo gigante. Cuando salió, lo seguí hasta su coche. Mientras se alejaba a gran velocidad, mire al cielo y me dije: «Voy a ser como ese hombre; de hecho, mucho más grande que ese hombre». Y lo decía en serio, porque dos años más tarde ya estaba entrenando con él.

Cuando tenía quince o dieciséis años e iba al gimnasio todos los días —y Laguna seguía siendo campeón del mundo—, uno de los chicos me agarró y me pidió que fuera a entrenar con el gran Ismael Laguna. No me sentí intimidado. No me importó que fuera mi ídolo. Mantuve la concentración, sabiendo que tenía que boxear con él. No fueron más que un par de asaltos cortos y para entonces yo ya sabía lo que estaba haciendo.

Y, más importante aún, sabía lo que el otro tipo estaba haciendo. Aprendí a pelear como fajador. Me favorecía porque reducía la distancia entre mi oponente y yo, y yo lograba poderosas combinaciones de golpes. Tenía poder y poca estatura, no iba a matar de un jab a nadie. No muchos saben pelear de fajador, porque piensan que hay que ir por el nocaut y nada más. Aprendí estrategia y me enseñé a cortar el ring. Aprendí esas habilidades por mí mismo; no son el tipo de cosas que alguien puede enseñarte. Podías darme un jab pero nunca dos. Podías pegarme con un gancho de izquierda, pero no con dos. Podías hacerme tambalear con un gancho derecho, pero no se repetiría. También aprendí, a una edad temprana, a sentir el miedo de mis oponentes. Podía olerlo.

Tal vez sea porque nunca pasé mucho tiempo en la escuela, pero ningún entrenador me cambió. La mejor lección que me dieron fue recibir una patada en la cabeza, porque entonces realmente aprendí a asegurarme de que jamás volviera a suceder. Algunos piensan que ese es el camino difícil, pero para mí era la forma más fácil, tal vez la única, que tenía de aprender.

Ahora me sentía cómodo en el cuadrilátero, pero en el fondo de mi corazón aún era un peleador callejero. Por aquella época había un tipo en El Chorrillo llamado Chicafuerte Ruiz, un boxeador profesional que había tenido más peleas que yo, y hubo problemas entre mi familia y la suya, especialmente con mi hermana Marina. Un día en casa me contaron lo que estaba sucediendo, así que fui a la casa del tipo para resolver las cosas. Chicafuerte salió —un hombre con más experiencia en el ring— y estalló una pelea callejera, con la gente animándonos a ambos. ¡Chicafuerte! ¡Durán, Durán! ¡Chicafuerte! Le di una zurra; la gente gritaba como loca. Fue la primera vez que mi hermano pequeño, Pototo, me vio tomar parte en una pelea callejera, aunque yo ya había participado en un montón. Tiempo después me dijo que fue entonces cuando se dio cuenta de que yo era un gran boxeador.

Mi carrera de amateur iba muy bien y, dada mi trayectoria, peleé con algunos boxeadores muy buenos, incluyendo a Catalino Alvarado, quien era considerado uno de los mejores boxeadores de Panamá. Obviamente, lo vencí. También le gané a Buenaventura Riasco, un gran boxeador de uno de los principales clubes de boxeo de Panamá; lo noqueé con un gancho. Estaba seguro de que representaría a Panamá en los Juegos Panamericanos de 1967 en Winnipeg, Canadá, y antes me dispuse a competir en un torneo de clasificación de los Golden Gloves.

Pero justo antes del torneo, comí algo que me sentó mal; había comprado algo a un vendedor ambulante y en ese momento estaban fumigando las calles. Creo que algo de ese veneno impregnó la comida. Me sentí realmente muy mal.

—No te preocupes —me dijo Plomo—. Toma dos Alka-Seltzers y el malestar desaparecerá.

Lo hice y por fin estuve listo para salir. Enfrenté a los dos principales boxeadores de mi división, que eran entrenados por la policía. En aquel tiempo, el departamento de policía de Panamá tenía los mejores boxeadores. Los vencí a ambos y eso significaba que iría a Winnipeg. O eso creí. Después uno de los coroneles se acercó a Plomo y le informó que enviaría a alguien más.

—¡Yo gané la pelea! —grité—. ¡*Yo* voy a ir!

—Cállate si no quieres acabar en la cárcel —exclamó el coronel. Así era Panamá...

Todo esto me dejó muy desmoralizado y no quería seguir peleando. Al carajo con todo. Toda la política. Sandeces.

—Plomo, si así es como van a ser las cosas, no me interesa.

—No te preocupes —dijo—. Tengo una pelea para ti.

—No quiero ni oírlo.

—No, me refiero a una pelea profesional. No tienes que seguir peleando como amateur.

—¿Cuánto?

—Veinticinco dólares.

—¿A quién tengo que matar?

—A uno de los tipos que no quisieron pelear contra ti como amateur. —Y así me convertí en profesional.

Carlos Mendoza era de Colón y ya había ganado tres o cuatro peleas. Se creía maravilloso, pero yo lo había visto pelear y sabía que podría con él. Pero entonces, mientras estaba entrenando, me rompí la mano al golpear un pesado saco y cuando llegamos a Colón, el doctor dijo que no podía pelear.

—Por favor, déjeme pelear. Necesito hacerlo, por mi madre, para llevar comida a su mesa.

Y el doctor cedió. Me reuní con Plomo para una comida antes de la pelea —carne y ensalada, que se convertiría en mi ritual para el resto de mi carrera—. Gané mi primera pelea profesional el 23 de febrero de 1968, a cuatro asaltos por decisión unánime. Yo seguía siendo pequeño, pesaba sólo 118 libras. Tenía dieciséis años.

Hacia esa época mi hermano pequeño, Pototo, vino a vivir conmigo. Era difícil para él vivir en casa, había un montón de problemas. Cuando tenía seis años, nuestra madre se lo entregó a una mujer; exactamente la misma mierda que había hecho conmigo. Él ni siquiera sabía quién era ella. Lloraba porque no conocía a la familia, hasta que, unos días después, mi padrastro fue a recogerlo. Me alegro de no haber sabido lo que había sucedido hasta años más tarde, porque me habría enojado mucho. Cuando yo estaba solo, lo recogía y salíamos a comer, cosa que él realmente disfrutaba porque sabía que tomaría una buena comida.

Me encantaba pasar tiempo con Pototo y siempre pasamos buenos momentos juntos, aunque una vez realmente temí haberlo herido de gravedad. Él se estaba recuperando en casa tras ser atropellado por un coche y, aunque estaba postrado en cama, terminamos luchando en ella —éramos unos niños— y él se golpeó en la cabeza con la esquina de la cabecera y se desmayó. Afortunadamente pude revivirlo poniendo alcohol bajo su nariz.

Me aseguraba de llevar siempre a casa algo para mis hermanos, mis hermanas y mi madre. Aún lo hago porque, pase lo que pase, mi familia está antes que todo.

Por entonces mi familia del boxeo también estaba creciendo. Mi primer mánager fue un hombre llamado Alfredo Vázquez. Sus amigos le prestaban dinero para que pudiera continuar siendo mi mánager y cuidándome. Sin embargo, poco después de la pelea contra Mendoza, me dijo:

—Durán, tengo que decirte la verdad. Estás madurando como boxeador y ya no puedo ser tu mánager. Hay un señor llamado Carlos Eleta y voy a tener que venderle mi interés en ti. De lo contrario no sería justo contigo. No tengo el dinero para guiarte en la dirección correcta, mucho menos para alimentarte debidamente. Cada día creces y comes más.

Eleta había quedado impresionado conmigo. Yo había participado en un torneo preliminar con Jesús Santamaría, uno de sus boxeadores, y varios otros buenos boxeadores de

Panamá, incluyendo a Sammy Medina y Federico Plummer. Pero yo tenía mucho más potencial que cualquiera de los otros chicos y Eleta lo sabía. Le preguntó a Vázquez cuánto quería por Durán.

—Me he gastado, uy, ciento cincuenta dólares en él. Dame trescientos.

Yo los miraba incrédulo. Eleta le dio trescientos dólares a Vázquez y veinte a mí. Eso era mucho dinero entonces.

—Siempre estaré acá para ti —me dijo Eleta, y eso fue todo. Vázquez me vendió por miserables trescientos dólares—. O firmamos un contrato —continuó— o nos damos la mano como caballeros.

—Soy un hombre de palabra —le respondí—. Démonos la mano.

Tenía diecisiete años y absolutamente ninguna idea sobre el dinero y los contratos. Lo único que quería hacer era boxear y, si podía hacerlo y poner comida sobre la mesa, sería feliz. Así que nos dimos la mano como caballeros y nunca firmamos un contrato. El único contrato que yo firmaba era cuando peleaba: yo firmaba el contrato y Eleta se encargaba de los cheques. Por supuesto, Eleta decía que esos trescientos dólares habían sido la mayor inversión de su vida. ¡Si lo hubiera sabido le habría pedido más dinero, pero entonces no tenía idea de cuánto dinero le iba a producir!

Eleta ya era un hombre rico, dueño de un canal de televisión —Canal Cuatro— y de algunas empresas de distribución en Panamá. Ya había visto una de mis primeras peleas en Colón, me vio ganar con coraje y corazón, y luego se acordó de mí. Resultó que nos habíamos conocido anteriormente cuando yo tenía unos doce años, una vez que él me descubrió robando cocos de uno de sus cocoteros. Me dijo que le había parecido tan divertido y gracioso que resolvió invitarme a almorzar en vez de llamar a la policía. No recuerdo el almuerzo, pero sí el robo de sus cocos.

Después de tres o cuatro peleas, Eleta me dijo que sabía que yo iba a ser algo especial, pero el comienzo de la relación no fue tan fácil. En el fondo del corazón yo seguía siendo un niño de la calle. A mi madre le encantaba ir a bailar a un restaurante de Chorrillo cerca de donde vivíamos y yo generalmente iba con ella. Una noche, de camino a casa, me encontré con dos mujeres que discutían —a una de ellas la conocía del restaurante— y me involucré para tratar de calmarlas. De repente un tipo saltó sobre mi espalda e intentó asfixiarme. Como sabía un poco de lucha libre, logré voltearlo, y cuando se puso de pie, ¡bam!, ¡lo golpeé en la cara y le rompí la mandíbula! La policía llegó y me arrestó en seguida: resultó ser que el hombre al que golpeé era un policía. Me presenté en la corte ante un juez al que no le gustaban los delincuentes juveniles y era amistoso con los policías, y el otro le juró al juez que se había acercado a controlar la pelea y yo lo había cogido a puñetazos. No dije una palabra, por lo que el juez me mandó a la cárcel.

Pero no me envió a la cárcel para delincuentes juveniles: acabé en la Cárcel Modelo, la cárcel de hombres, donde había un montón de tipos duros. Me pusieron en una celda en la esquina de la cárcel y sin baño: tenía que gritar, «¡Llave, guardia, llave!» cada vez que necesitaba mear. Nos asignaban tareas como barrer los pisos y cuidar de los caballos de la policía. No tenía camiseta porque los botones se habían caído en esa pelea y se la había dado a otro preso para que le pusiera botones nuevos. Era el chico más joven en la cárcel.

Uno de los tipos en mi celda se hacía llamar Taras Bulba, era luchador profesional —había oído hablar de mí y sabía que era un boxeador con un gran potencial—. Le pregunté por qué estaba en prisión. La policía quería robarle sus joyas, me dijo —llevaba muchas joyas de oro puestas— y lo habían acusado de robarlas.

—No me importa —aseguró—. Se pueden quedar con ellas. Lo único que quiero es salir de aquí.

El otro era un hombre negro loco —algo en él no estaba bien— que parecía querer meterse conmigo.

—Si tocas a Durán —le advirtió Taras Bulba—, te romperé las dos manos. —El hombre negro era una molestia pero, gracias a Taras Bulba, nunca se sobrepasó conmigo.

Tres días después, estaba fuera limpiando el patio cuando un oficial se acercó y me preguntó por qué estaba en la cárcel. Le conté sobre la discusión de las mujeres, sobre el tipo que me saltó por detrás, y cómo el tipo había mentido en el tribunal acerca de lo que había sucedido.

—¿De dónde eres?

—De El Chorrillo. —Le dije el nombre de mi madre, el de mi abuela y el de mi tía.

Me dijo que iba a investigar, pero si le había mentido acabaría pagando más tiempo. Media hora después me llamaron a una oficina.

—Listo, puedes irte —dijo el funcionario. Resultó ser que el oficial había crecido con mi madre y mi tía, había ido a la escuela con ellas. Mi historia fue verificada. Pero debido a esas tonterías pasé cinco días en la cárcel.

Fui a ver a Eleta, quien me dijo que sabía exactamente lo que había ocurrido, pero había decidido no rescatarme.

—Quería enseñarte una lección, para que no vuelvas a hacer esas cosas.

Tomé en serio lo que me dijo, porque sabía que sin él a mi lado no llegaría a ser campeón. Él tenía dinero —era millonario— y yo sabía que haría todo lo que estuviera en su poder para ayudarme a ser campeón del mundo. Él creía en mí y yo creía en él. Empecé a llamarlo «papá». Obviamente no era mi padre, pero era alguien que cuidaba de mí y velaba por mis mejores intereses. Se convirtió en el hombre más influyente en mi vida. Estábamos juntos en esto.

Después de la primera pelea contra Mendoza, gané mis siguientes ocho peleas, todas por nocaut o nocaut técnico. Sólo una de ellas duró más de un asalto. Eleta los comprometía y yo los derribaba.

Y no sólo a los boxeadores, también a caballos. En noviembre de 1969, acababa de pelear con un tipo de Ciudad de Panamá llamado Luis Patiño. Había sido campeón panameño de peso gallo, pero estaba decayendo —tenía veintiocho años— y era mi primera pelea programada a diez asaltos. No duró tanto, pero de todas formas fue una pelea terrible, tal vez la más dura que había peleado hasta entonces. El problema de mis oponentes es que yo golpeo muy duro con ambas manos, y finalmente él cometió un error. Se acercó demasiado. Perdió un poco el equilibrio en su pie derecho y hasta ahí fue: bing, bang, no supo qué lo había golpeado. Gané por nocaut técnico en el octavo asalto. Fue una lucha extraordinaria y él sólo peleó una vez más después de eso.

Después de la pelea fui con mi tío Chinón a Guararé, de donde proviene mi familia, a dejarme consentir con alimentos, bebida y buena música. Alrededor de la medianoche noté un montón de caballos pertenecientes a otros huéspedes atados frente al bar. En ese momento se me acercó un hombre del pueblo.

—¿Es usted Durán?

—Sí.

—Le apuesto cien dólares a que no puede derribar a ese caballo.

—No, no quiero apostar.

—¿Qué me dice de cien dólares y una botella de whisky?

—¿Está loco?

Pero la chica que estaba conmigo comenzó a animarme:

—Vamos, papi. Tú puedes hacerlo.

—Acepta —dijo mi tío—. Sé que puedes tumbar a ese caballo.

Estaba un poco borracho, pero ya no había forma de retractarme. Así que me acerqué al potro y observé su larga cara.

—Tío, ¿dónde le voy a pegar a este animal?

—Fácil. Pégale detrás de la oreja y caerá como un saco de patatas.

¡Bum!, lo derribe pero no lo noqueé. Todo el mundo se retorcía de la risa, la chica me besaba y abrazaba.

—¡Oh, papi, derribaste al caballo! ¡Derribaste al caballo!
—Pero estoy sudando tanto que no puedo concentrarme, y entonces me doy cuenta de que mi mano duele como el infierno. Uno de mis dedos está fuera de lugar, dislocado, no se ve nada bien. Pero estaba tan borracho que no sentía casi nada; había estado bebiendo aguardiente, que es realmente fuerte, y lentamente se me adormecieron la mano y el brazo.

Mi tío quería que fuera al hospital, pero no lo hicimos, a pesar de que el hueso sobresalía en ángulo y se veía bastante horrible. No recuerdo si terminamos en una clínica o una casa, pero la enfermera me dijo que no tenía anestésico. No me importaba, seguía borracho. Mientras ella me cosía, yo tomaba whisky de la botella que gané en la apuesta. No sentí nada. Al día siguiente mucha gente me pidió que contara toda la historia, lo cual fue muy chévere y entonces supe que había nacido la leyenda de Roberto Durán.

Mis primeras quince peleas fueron en Ciudad de Panamá o en Colón y, después de vencer a Mendoza, noqueé a los seis siguientes opositores en el primer asalto. La competencia mejoró un poco en 1969, pero aun así gané seis peleas más, cinco por nocaut técnico. No había nadie en el país que pudiera conmigo y mi reputación se extendía a lo largo y ancho. Entonces supe que tendría que empezar a buscar una pelea decente fuera de Panamá. Quería tener la oportunidad de ser campeón del mundo y no había manera de que lo lograra tumbando a todo el mundo en Panamá.

Mi primera pelea fuera del país fue contra Felipe Torres en Ciudad de México. Fue el primer hombre que terminó la pelea en pie —diez asaltos—, pero de todas formas gané. Luego regresé a casa otra vez a pelear frente a mis fanáticos. Estaba 16–0, con 13 nocauts, cuando peleé con Ernesto Marcel en mayo de 1970 en Gimnasio Nuevo Panamá, con cerca de 7000 personas llenando las gradas. Entré con 128 libras. Marcel pensaba que era un opositor difícil —sólo había perdido 2 veces en 27 peleas— y era el favorito para ganar. Yo sabía que iba a ser mi pelea más difícil hasta la fecha y el entrenamiento para ella fue brutal. Me levantaba muy temprano, a las cinco de la mañana, a correr, y hubo veces en que no tenía dinero para el desayuno y tenía que ir a vender periódicos antes de regresar al entrenamiento en la tarde.

Nada de eso importaba contra Marcel. Lo herí en el cuarto asalto y comenzó a sangrar alrededor del ojo derecho. El médico del ring lo revisó y lo dejó continuar, aunque el corte era muy profundo. Fue una gran pelea, pero yo di la mayor parte de los puñetazos y nadie pensó que la pelea llegaría al décimo asalto. En el séptimo asalto lo golpeé fuertemente con una derecha a la cabeza y seguí con una serie de golpes con ambas manos. Él estaba en problemas y lo sabía; desde ese momento dominé la pelea. Él no hacía sino correr, quería evitar los golpes. El árbitro finalmente detuvo la pelea en el décimo y último asalto, y yo gané por nocaut técnico.

Los problemas que tuve en torno a esa pelea no tuvieron nada que ver con Marcel. Una de las empresas de Eleta fabricaba vitaminas y él pensó que sería una buena idea que tomara algunas para fortalecerme un poco. No sabía nada del tema: pensé que si tomaba una me haría más fuerte; así que si tomaba tres, sería mucho más fuerte. Justo antes de la pelea me produjeron una mala reacción: tenía fiebre y una lesión en el trasero. Durante tres o cuatro días no pude correr.

—No me vengas con excusas —recuerdo a Marcel burlándose de mí—. No quiero oír que estás enfermo, porque te voy a noquear. A Eleta no le dije nada porque no quería que se aplazara la pelea.

Una semana antes de la pelea, mi amigo Chaparro le echó un vistazo a mi trasero.

—Si quieres puedo hacerte una punción y sacar toda esa mierda y ya no tendrás fiebre —dijo. Una vez drenó todo el pus pensé que ya estaba bien, pero agregó—: No, tengo que extraer la raíz. —Así que escarbó profundamente, y cuarenta y cinco minutos más tarde mi fiebre había desaparecido, el dolor había desaparecido, todo había acabado. Al día siguiente pude correr y asegurarle a Plomo que estaba bien, a pesar de que tenía un agujero en el culo.

En marzo de 1971 paré a José Acosta en el primer asalto y luego a Lloyd Marshall, y fue entonces cuando supe que estaba realmente en el buen camino porque empezaron a presentarme a celebridades estadounidenses. Yo había conocido a muchísima gente famosa de Panamá y América del Sur, pero ahora me presentaron en la primera fila del ring a John F. Kennedy Jr., el hijo del presidente muerto, que tenía entonces diez años. Le regalé mis guantes de la pelea.

Quedé fascinado por los Estados Unidos de América

—enamorado, incluso—. Era un país enorme, extraño, pero ahora quería que todo el mundo supiera quién era yo y Eleta comenzó a hacer planes para que peleara allí.

—¡Chuleta, vamos! —le pedí. Aspiraba a convertirme en un campeón. ¿No le pasa a todos los boxeadores? No soñaba en grande, pero quería ganar un campeonato para poder comprarle a mi madre una casa y sacarla de ese barrio de mierda. Eso era todo, nada más. Después de eso, me retiraría.

No sucedió así.

DOS

NUEVA YORK,
NUEVA YORK

Una vez leí un libro que decía que los rascacielos en Nueva York tocaban las nubes. Había algo mágico en aquella ciudad. Y ahora yo, Roberto Durán, un pelao de El Chorrillo, que había pasado los primeros cuatro años de su carrera luchando casi siempre en Panamá, por fin iba a llegar a Nueva York.

Eleta me había comprometido para pelear contra Benny Huertas, un profesional, en Nueva York en septiembre de 1971, pero mientras volaba de Panamá a Nueva York mi mente no estaba en Huertas. Miraba por la ventana, asombrado por lo que veía, observando Manhattan y el Empire State Building y preguntándome si esos rascacielos realmente tocaban el cielo. Ahora suena absurdo, pero entonces realmente pensé que el avión iba a golpear uno de ellos y se estrellaría.

Nos alojamos en un hotel al lado de Penn Station, y yo recorrí las calles sobrecogido, como un pelao con un montón de juguetes nuevos, tan llenos de vida. También era un poco abrumador, sobre todo porque yo no hablaba una palabra de inglés, así que Eleta trajo a Luis Henríquez para hacer de traductor y pedir nuestras comidas mientras estábamos allí —desayunos, almuerzos, cenas, se hizo cargo de casi todo—. Todos lo llamaban por su apodo, «Flaco Bala», y lucía bien en la primera fila del ring con su esmoquin.

A mí no me interesaba aprender inglés. Todo lo que sé en inglés es alguna jerga callejera que he asimilado a lo largo de los años, e incluso ahora no puedo escribirlo muy bien. Lo mismo me ocurre con la lectura, en la que tampoco soy muy bueno, igual que nunca me han interesado los negocios. Era un boxeador: me pagaban por pelear. Eso es lo que era y lo que hice. El resto se lo dejé a Eleta y al Flaco Bala, y más tarde a mi promotor Don King. ¡Ni siquiera recuerdo que me pagaran mi primera pelea de campeonato!

Y ahora estaba en Nueva York para pelear contra Huertas y hacer que la gente recordara a Roberto Durán. Manhattan era la ciudad con más movimiento que había visitado en toda mi vida, y supe que allí yo era un don nadie.

—La próxima vez que venga —me dije—, sabrán quién soy.

Entrenábamos al aire libre, en el calor de Brooklyn. La gente se amontonaba alrededor del cuadrilátero para vernos. Me trajeron algunos *sparrings* de Panamá y los vencí a todos. Algunos días, me veía obligado a salir rápidamente del ring porque la lona se calentaba tanto que sentía que mis pies ardían. Gracias a Dios no me salieron ampollas. Cada día entrenaba más duro y más duro. Quería dejar mi huella y quería poner a Panamá en el mapa. Durante demasiado tiempo otros países nos habían caminado por encima.

El día del pesaje, una mujer cubana en nuestro campamento me dijo:

—Ven, quiero mostrarte algo. —Y me llevó a caminar. A pesar de que hacía un calor infernal, en la ciudad todo el mundo corría como un loco. Las bocinas de los coches resonaban, había vendedores ambulantes vendiendo perros calientes. Me encantó: Nueva York era mi tipo de ciudad y quería convertirla en mi casa. Pero lo que más me emocionó fueron todos esos helados que vendían en las calles (como se lo dije, aún era un niño de la calle). Tantos colores y sabores me hacían que recordara mi casa y de dónde venía. Después de la pelea y del enloquecido régimen al que me sometí para llegar al peso, podría comerme uno. Había algo mágico en ese momento: pensando en El Chorrillo, donde bailaba en las calles para recibir unas monedas, y ahora paseaba por la ciudad más grandiosa del mundo y estaba a punto de hacer mi debut en Estados Unidos. Había abandonado el hotel a mediodía y no regresé hasta las cinco, tal era mi fascinación con la ciudad.

—¿Están locos? —exclamó Eleta.

—Deja de preocuparte —le respondí—. Cuando suene esa campana, lo voy a noquear y después de eso quiero comer un helado y un filete.

Pelearíamos como teloneros de la pelea por el título mundial de peso ligero de la Asociación Mundial de Boxeo (AMB) entre Ken Buchanan e Ismael Laguna. Iba a ser una gran noche, sin duda la noche más importante de mi vida hasta ese momento. Pero había un problema: Huertas y su peso. Pensaba que iba a luchar en las 138–140 libras, pero el promotor lo cambió a 135. Cuando posé mis ojos en él, vi que era muy musculoso y claramente estaba sobre el límite. Efectivamente, no cumplió con el peso. Eleta me dijo que un par de libras no importaban.

—Quiero que pelees contra este tipo, Cholo. El mundo te verá. Pelearás en la capital mundial del boxeo, ¡el Madison Square Garden!

La noche de la pelea llegué con una bata de mierda y botas viejas de boxeo; llevaba tres días sin afeitarme. Pero lo importante era que mis manos eran fuertes y seguras, y todo terminó antes de que algunas personas llegaran a sus asientos. Sonó el primer campanazo y el error de Huertas fue atacarme, fuertemente, tratando de noquearme. Él era grande y fuerte y pensó que podría asustarme, pero abrió su guardia. Como al minuto de empezar la pelea, lo golpeé con una derecha y luego una izquierda. Bing, bing, bing, sesenta y seis segundos. Él estaba listo. Sólo se recostó y permaneció tendido durante mucho tiempo. Incluso a mí me sorprendió la rapidez con que sucedió todo. Red Smith, del *New York Times*, escribió que «le tomó sólo un minuto separar a Benny Huertas de su intelecto» y de esta manera, «ganó una entusiasta fanaticada». «El telonero... produjo un boxeador especial», escribió la revista *The Ring*, «que tendrá que ser visto como un futuro campeón de peso ligero y definitivamente una amenaza actual. Su nombre es Roberto Durán».

Después de la pelea, Eleta me llevó al '21' Club de Nueva York, que aún hoy sigue en el mismo lugar:

—Hay una fiesta para ti, Cholo —me dijo. Yo lucía un traje blanco y estaba listo para divertirme—. ¿Quieres champán? Te lo has ganado.

—¿Qué es eso? —Hasta entonces solamente había tomado cerveza y whisky.

Me gustó y quedé algo entonado. Pero también me sentía un poco desanimado, hasta que Eleta me preguntó cuál era el problema.

—Pues, es sólo que la señora cubana me dijo que podría comer un helado de tantos colores como quisiera, y ahora regresamos mañana a Panamá y no me he comido ni uno.

—¿Ese es tu problema? ¡Espera un momento! —Llamó a alguien. Efectivamente, el tipo regresó con un montón de helado de diversos sabores. Vainilla, chocolate, mamey, guanábana... me los zampé todos. Quedé tan lleno que pensé que iba a explotar.

Una chica me sacó a bailar, pero de repente mi estómago comenzó a agitarse y producir ruidos incómodos. Glub, glub, glub. Glub, glub, glub. Había comido demasiado helado y el champán tampoco estaba ayudando. La muchacha tocó mi estómago y entonces se me salió todo y me refiero a *todo*. ¡Chuleta! Había una gran mancha a todo lo largo de mi traje blanco. Entré en pánico, caminaba hacia atrás sin saber qué hacer. ¡Qué cagada, coño! ¡Maldita sea, eso jodió todo!

De regreso en el hotel, puse a lavar los pantalones y los

froté y froté y froté hasta que salió la mancha. ¡Y me las arreglé para usar ese mismo traje para regresar a Panamá!

También volví a Panamá con un nuevo apodo: «Manos de Piedra», el apodo que me acompañó toda mi carrera. Eleta siempre me llamó Cholo; algunas personas me llamaban Rocky, por Rocky Graziano, el boxeador estadounidense que fue famoso por sus nocauts, y para varias peleas incluso vestí una bata con el nombre ROCKY en ella. Pero fue gracias a Plomo que terminé con un nombre mejor. ¡Bam!, noqueaba a alguien de un derechazo y Plomo decía:

—¡Mira, te dije que golpea más fuertemente con su mano derecha! —Y en la siguiente pelea, noqueaba a alguien con una izquierda y Plomito decía—: ¿Ves? ¡Te lo dije! ¡Pega más duro con la izquierda! —Así que Alfonso Castillo, uno de los principales escritores de deportes en Panamá, inventó el apodo Manos de Piedra. *Manos de Piedra*. No Mano de Piedra: *Manos*, ambas manos.

—A quienquiera que le pegue —afirmó Castillo—, cae.

Él comenzó a utilizar el apodo en sus columnas y en la televisión, y se extendió como el fuego. Todo el mundo lo estaba usando.

Cuando volvimos a Panamá, Eleta me sacó de El Chorrillo porque allí había muchas pandillas y muchas cantinas. Me consiguió un apartamento más cerca de él, en Caledonia, una mezcla de clase media y baja. Era bastante básico: un dormitorio, salón, cocina y un pequeño balcón. Pero Eleta pasó por alto el hecho de que estaba frente a un bar y que había bares en toda esa calle, como La Montmartre, Lo Que el Tiempo

Se Llevó, Rincón Romántico —todos ellos lugares en los que me encantaba pasar el rato—. A la vuelta de la esquina había incluso más lugares, sitios en los que tocaban música y me gustaba ir a bailar. Nueva York me había dado una prueba de la fama y la buena vida, y yo no iba a dejar de disfrutar sólo porque tenía que entrenar. Eleta se ponía difícil conmigo.

—¿Recuerdas cuando te dejé en la cárcel? —decía, pero ahora yo era un hombre. Podía hacer lo que quisiera.

Tenía veinte años y había una chica en Caledonia cuya madre vendía billetes de lotería en el barrio. Su nombre era Felicidad, tenía catorce años y todavía asistía a la escuela, de donde salía a las cuatro de la tarde y caminaba a casa; su madre le daba el dinero que había ganado con la venta de lotería para que fuera a comprar comida para sus hermanos y hermanas. Eran seis en la familia, pero su madre lograba alimentarlos todos los días.

Al principio no le gusté: su prima Ana estaba enamorada de mí, pero Felicidad solía decirle que no me pusiera atención porque creía que yo era un mujeriego, que tenía demasiadas novias y me gustaban demasiado las fiestas. Pero un día vi a Felicidad caminando por la calle y la llamé:

—¡Oye, espera, monita! ¡Vas como un tren! —Y la invité a salir—. Fulita, déjame invitarte a cenar mañana. —Ella aceptó, aunque estaba preocupada porque su madre era muy estricta. Me pidió que nos encontráramos en la iglesia de Don Bosco: el día siguiente, 31 de enero, era el día de san Juan Bosco.

Al día siguiente fuimos a un restaurante y luego al Teatro

Lux a ver una película sobre ratas asesinas, y luego otra. Fulita sólo tenía permiso para estar fuera hasta las siete o sería castigada, y ya se acercaba la hora de su toque de queda. La persuadí de olvidarse de la hora e ir a bailar al bar Marruecos. Después de eso nos fuimos a un hotel donde podríamos estar solos, y cuando salimos eran las once de la noche...

La pasamos muy bien juntos, pero Fulita estaba aterrada y pensaba que su madre la mataría. Llegamos a la puerta de su casa y pude ver a su madre esperándola en la ventana, sin embargo ella no nos vio. Fula estaba demasiado asustada para entrar.

—Fula, quédate en mi casa esta noche y mañana hablaré con tu madre. —Pasaron dos días y yo seguía sin hablar con su madre, que se iba volviendo loca y la buscaba por todas partes: en los hospitales e incluso en la morgue por si la habían asesinado.

Chico, mi compañero de entrenamiento, se encontró a la señora llorando en la calle.

—Señora, le diré: está con Roberto Durán. Por favor, no la golpee.

La madre llegó a mi apartamento gritándole a Fula:

—¡Vas a regresar a casa!

—¡No, me quedo con él!

Media hora después, sus padres regresaron con la policía y nos llevaron a ambos a la estación. No me arrestaron, pero le ordenaron a Fula regresar a casa de sus padres porque aún era menor de edad. La encerraron en la casa, todo porque quería salir y divertirse un poco.

A principios de la semana yo le había comprado una pulsera de turquesa y entonces le pidió a su prima Ana que me diera su número de teléfono para que pudiéramos darnos cita para devolvérmela. Pero era un ardid para seguir viéndome y, una vez le permitieron salir de la casa, nos reunimos en secreto durante tres meses.

Al final, su madre desistió de evitar que nos viéramos, porque sabía que no había nada que pudiera hacer para evitarlo. Muy a pesar suyo, sus padres decidieron que si esa era la vida que quería, podía ir y quedarse conmigo. Por supuesto, antes de seis meses sus padres y yo éramos mejores amigos. Me amaban tanto como a ella, porque vieron que era un buen hombre y trataba a su hija como una reina.

Por esa época hubo otros cambios importantes en mi vida. En septiembre de 1970, el escocés Ken Buchanan había viajado a Puerto Rico para enfrentarse al panameño Ismael Laguna por el campeonato mundial de peso ligero. Mucha gente, incluyéndome a mí, pensó que Laguna iba a ganar, sobre todo a causa del clima. No pensamos que Buchanan fuera capaz de lidiar con el calor. Pero venció a Laguna por decisión tras quince asaltos. ¡Venció a mi ídolo, al ídolo de todo Panamá! Laguna ya no era el boxeador que había sido. Inmediatamente hablé con Eleta.

—Quiero que me consigas una pelea con Ken Buchanan. Le ganaré.

Así que en marzo de 1972 tuve mi última pelea antes de lograr finalmente mi oportunidad de pelear por un título mundial, contra Francisco «Panchito» Muñoz en Ciudad de

Panamá, y luego sería Nueva York contra Ken Buchanan por el título ligero de la AMB, el 26 de junio en el Madison Square Garden. Para esto, Eleta reclutó a dos leyendas del deporte para trabajar en mi esquina.

Ray Arcel, sobre todo, había entrenado a algunos de los mejores: Henry Armstrong, Kid Gavilán, Benny Leonard y muchos otros. Eleta, quien lo conocía bien, lo convenció de salir de su retiro para trabajar conmigo. Freddie Brown también tenía una gran reputación trabajando como entrenador con tipos como Floyd Patterson y Rocky Marciano; había trabajado en la esquina de Marciano a lo largo de toda su carrera invicto.

—Te voy a hacer campeón mundial —me dijo Eleta—, pero tienes que ir a entrenar en Nueva York. Ya hablé con él.

—Señor Eleta, no iré a Nueva York a menos de que vaya con Plomo —le respondí—. Nadie va a alejar a Plomo de mí. Nací con Plomo, crecí con Plomo y moriré con Plomo.

—No te preocupes, Cholo, nadie te va a quitar a Plomo. Pero estos dos caballeros, que son leyendas en el deporte, van a unirse a él.

Arcel quedó impresionado cuando me conoció. Pensó que podría ser otro Jack Dempsey, porque notó que era astuto y, si uno es astuto, puede hacer cualquier cosa en el ring. Él y Brown tenían cuatro fundamentos que querían que todos los boxeadores acataran:

La izquierda es tan importante como la
derecha.

El boxeo es el arte de golpear y no hacerse
    daño.
Lo importante no es qué tan duro golpeas a
    un hombre, sino dónde lo golpeas.
La velocidad con la cual uno vuelve polvo a
    un oponente está directamente relacionada
    con la eficacia con que lo arrincona en el
    cuadrilátero.

Pensé que sabía todo sobre el boxeo, pero esos tipos me
enseñaron muchos trucos que comencé a utilizar en el ring.
Estaba convencido de que era sólo cuestión de tiempo para
que me hiciera famoso en el boxeo y los hiciera a ellos aún
más famosos. Ahora sabía lo que tenía que hacer y no era sólo
vencer a Buchanan, cosa que sabía que podía hacer con los
ojos cerrados. Lo más importante era la *forma* en que lo ven-
cería. Tenía que aprovechar la pelea para mostrar al mundo
que era el mejor boxeador de entonces. Y ahora estas dos leyendas estaban conmigo y me ayudarían a prepararme para
el mayor desafío de mi joven carrera.

Con esos tipos el entrenamiento fue brutal, aunque Eleta
había facilitado las cosas al pagar mi apartamento. Todavía
corría muy temprano en la mañana, alrededor de las cinco,
descansaba, desayunaba a las diez, y volvía a entrenar desde
las dos de la tarde. Primero hacía sombra para calentar y
luego trabajaba la pera durante tres o cuatro rondas. Después
golpeaba el saco —cinco minutos, tres minutos, el tiempo
variaba—. Luego saltaba cuerda durante quince minutos y

hacía ejercicios de acondicionamiento físico durante otros quince. Peleaba tres o cuatro asaltos cortos. Algunas veces, Brown me hacía pelear hasta siete asaltos, de tres minutos cada uno.

PARA CUANDO SUCEDIERA LA PELEA, yo tenía otra petición para Eleta: traer a Chaflán. Chaflán siempre me pedía favores: esta vez fue «llévame a Nueva York». Nunca pensó que saldría de Panamá pero, gracias a un hombre de influencia como Carlos Eleta, pudo obtener una visa, cosa que no es tan simple.

Chaflán vino a quedarse en mi hotel en Nueva York, e iba a ver mi entrenamiento en el gimnasio Grossinger's. Pero se nos salió un poco de las manos. Amaba la vida nocturna de Nueva York y un día, cuando fui a recogerlo al hotel, no estaba allí. Lo encontré bailando en un bar para obtener propinas de los clientes. Le dije que si los gringos lo descubrían, lo enviaría de vuelta a Panamá y yo dejaría de ser la niñera de Chaflán. Fue la única pelea a la que llegó. Mantuve mi promesa y sanseacabó.

Tenía otras cosas de qué preocuparme; tenía que ganar una pelea. Buchanan me veía como un simple chico de Panamá, un don nadie, y debió pensar que la tendría fácil. Se sentó a mi lado en una conferencia de prensa, comiendo pan con mantequilla y una Coca-Cola, mientras a nuestras espaldas se proyectaba un video de la pelea en la que vencí a

Hiroshi Kobayashi en octubre de 1971. Un periodista le preguntó si había visto esa pelea y él respondió que no, y agregó que yo era demasiado lento para él. Me reí. Este tonto no sabe la tormenta que se le va a venir encima, pensé.

Buchanan no me respetaba, pero lo que realmente me molestó fue que dijo que yo era un niño afortunado porque nunca había tenido que luchar para ascender, paso a paso, como lo había hecho él. Pero él no conocía a Roberto Durán. Yo me crié en las calles, tuve que rebuscarme la comida cada día. He luchado todos los días de mi vida desde que era un pelao.

—Desde que era un niño pequeño sentí que nadie me podía vencer —le dije a los reporteros—. No le tengo ningún respeto. Estoy invicto. Él debería respetar eso.

Entrené duro, trabajando en mi velocidad. No entrené como si fuera a pelear quince asaltos: entrené como si fuera a pelear veinticinco. En lugar de entrenar en asaltos de tres minutos, los hacía de cuatro y medio minutos.

La noche de la pelea, Arcel me miró directamente.

—Supongo que no volverás a Panamá si pierdes esta noche.

—Si pierdo —le respondí—, me mataré.

No me importaba ser el perdedor esperado por dos a uno. Sabía que mi duro entrenamiento me había dado dos veces la velocidad que tenía Buchanan. Estaba muy confiado. En el pesaje me mofé de él, intentando hacer contacto visual y sabiendo que sentiría miedo de mí. La noche de la pelea me sentí inspirado desde el momento en que salí del vestidor:

sentía que podía derribar a ese tipo. Buchanan salió acompañado por música de gaitas; yo, con el sabor de mi país: una banda de marimbas con bailarines de flamenco.

Salí con fuerza y lo derribé en el primer asalto con una izquierda a la cabeza, aunque algunos pensaron que había sido un resbalón. Pero reconozco que fue fuerte toda la pelea; otro boxeador habría sido noqueado en cuatro o cinco asaltos, pero él aguantó.

Después del tercer asalto, los gringos intentaron ponerme en desventaja cuando el comisionado de boxeo le exigió al Flaco Bala que abandonara mi esquina —sólo tres personas podían hacer parte del equipo de apoyo—. Arcel y yo estábamos aún conociéndonos el uno al otro, y yo no hablaba inglés y él no hablaba español. Así que a partir de ese momento lo único que Arcel podía hacer era usar palabras simples como «jab, jab, jab» o «punch, punch, punch». Pero yo sabía lo que tenía que hacer. Nací boxeador y estaba en mi elemento; ese iba a ser mi gran día y no iba a permitir que nada se interpusiera en el camino.

Mi derecha golpeaba su costado izquierdo constantemente, y yo fintaba con el derecho y lanzaba un gancho con la izquierda mientras mantenía mi mano derecha en su cara. Su arma principal, el jab que había causado tantos problemas a Laguna, era inocua. Se encontraba en tal apuro que a mitad de la pelea tuvo que escupir su protector bucal para poder respirar.

Por último, al final del decimotercer asalto lo puse contra las cuerdas. Recibió un golpe a la caja torácica y cayó. Cuando regresó a su esquina no pudo continuar peleando. Dijo que yo lo había golpeado en las bolas con la mano derecha después de la campana. Es mentira. Incluso el árbitro Johnny LoBianco dijo que había sido un golpe justo. Aseguró que el golpe había sido «en el abdomen, no más abajo». Lo que pasa es que yo era más pequeño y él era más alto.

La verdad es que él ya no podía aguantar más. Pensé que en cualquier momento el árbitro detendría la pelea. Buchanan era rápido pero yo era más rápido y tenía más deseos de ganar: quería ganar el título para llevárselo a mi ídolo, Ismael Laguna.

Lo cierto es que si Ray Arcel y Freddie Brown no hubieran estado en mi esquina, yo no habría llegado a campeón del mundo. Porque según tengo entendido, ellos conocían a varios de los jueces y al árbitro de la pelea. No sé cómo habrían sido las cosas si en mi esquina sólo hubiera estado Plomo; nuestro inglés era muy limitado. Recuerdo a Arcel preguntándole al árbitro en inglés:

—¿Qué vas a hacer ahora?

Buchanan afirmaba que yo debería haber sido descalificado. ¿Por qué? ¿Por golpearlo demasiado? Y, por supuesto, la gente inventaba excusas, incluyendo a los periodistas estadounidenses. Red Smith, del *New York Times* escribió que LoBianco tuvo que otorgarme la pelea, porque en el boxeo «cualquier cosa aparte de sacar un cuchillo se mira con indulgencia».

Me sentí decepcionado, porque no quería que hubiera ninguna duda de que yo era el campeón del mundo. Lo que

nadie podía discutir era que lo había logrado con sólo veintiún años. El objeto del boxeo es pelear por los títulos mundiales, así que quizás esa noche es mi primer gran recuerdo.
En aquella época no había tantas asociaciones de boxeo como
hoy —hoy hay nueve o diez, en aquel entonces había solamente tres—. Había que trabajar duro para llegar allí, luchar
contra los mejores, no como hoy día. Gané ese título con mis
puños.

Felicidad había permanecido en Panamá para la pelea, y
cuando la llamé después de esta me dijo que todo el mundo
había salido a las calles. Era un mundo nuevo para ella, que
nunca había visto nada tan extraordinario. Ahora recibiría un
montón de cosas por ganar. Eleta me había prometido un
coche si ganaba. Antes de la pelea había visitado al embajador
de Panamá y me había dicho:

—Si se convierte en campeón del mundo, le mandaré
hacer un traje, el que quiera. —Un caballero que trabajaba
en la Avenida de las Américas me ofreció hacerme un traje
blanco que costó unos doscientos dólares.

El general Omar Torrijos, gobernante militar de Panamá,
me envió su avión con champán para llevarme de vuelta, y
me bajé de él con ese traje y un sombrero Panamá blanco
—hay un montón de fotografías mías luciendo ese traje—
directo al caos: en el aeropuerto me rodeó una multitud, debe
haber habido varios miles de personas allí, aunque sentí como
si estuviera presente la mitad del país. Colocaron cinta ama-
rilla para mantener a las multitudes detrás pero, cuando me
vieron, se lanzaron hacia mí gritando «¡Durán! ¡Durán!».

A mi esposa todavía se le pone la piel de gallina cuando cuenta la historia.

El general Torrijos había dispuesto una limusina del gobierno para que nos llevara a La Vía España para un desfile. Era imposible caminar en la ciudad porque la gente estaba en las calles gritando, llorando y desmayándose. No estaban acostumbradas a algo tan espectacular. Ismael Laguna había sido el héroe de Panamá y mi ídolo e inspiración, y ahora una de las primeras cosas que hice fue llevarle el cinturón de campeón y decirle:

—Ten, esto es tuyo. —Pero Laguna no lo quiso.

—Estoy contento de que usted haya ganado —dijo. Ahora el culto era a otro nivel. Panamá tenía un nuevo héroe. Ricos o pobres, el pueblo amaba a Durán.

Después del desfile, Fula y yo fuimos a la residencia presidencial a beber champán y comer con el general Torrijos. El presidente notó que estaba sudando y me dio una de sus camisas. Le dije que estaba cansado y que sería mejor que me fuera a casa.

—No —me respondió—, tú te quedas aquí esta noche. Yo me voy a mi domicilio privado, y tú puedes ser presidente por un día. —Así que Felicidad y yo nos quedamos.

También hubo lágrimas de dolor en esos tiempos. Fula no fue conmigo a la pelea contra Buchanan porque estaba embarazada. Una noche, mientras yo estaba en Nueva York, mi madre accidentalmente le quitó la silla cuando iba a sentarse y ella aterrizó en el piso. Más tarde esa noche, todos fueron a ver una película de Bruce Lee. Allí Fula sintió la sangre correr por sus piernas. Tenía un mes y medio de embarazo y perdió al bebé.

No me dijo nada mientras estuve entrenando, así que regresé de Nueva York con un peluche de regalo, convencido de que íbamos a celebrar el nacimiento de nuestro primer hijo. Al fin me contó lo que había sucedido.

—Si ese es el plan de Dios —le dije—, tenemos que aceptarlo.

Siete meses más tarde, estaba embarazada de Roberto Jr., «Chavo». Estábamos construyendo una vida juntos.

La reacción a mi victoria fue enorme e inmediata. Comenzó desde arriba con Torrijos, por supuesto. El gobierno panameño fue muy activo en la promoción de todos los grandes boxeadores del país, comenzando por mí. Yo no era el único campeón: Alfonso «Peppermint» Frazer había ganado el título de peso wélter junior de la AMB en marzo de 1972. Y había otros dos boxeadores muy buenos: Enrique Pinder y Ernesto «Ñato» Marcel, un contendiente de peso pluma. En 1970 Torrijos creó el Instituto Nacional de Cultura y Deportes, sobre todo para promover el boxeo, y de ahí en adelante cada vez que uno de nosotros peleaba fuera de Panamá, el gobierno contribuía a pagar el costo de la transmisión en vivo en televisión de la pelea a nivel nacional. Eso fue lo que hicieron para la pelea con Buchanan. Torrijos incluso prometió una pensión mensual de por vida de trescientos dólares para cada boxeador panameño que llegara a campeón del mundo. Ismael Laguna fue el primero, por supuesto; luego vino Frazer. Yo fui el siguiente.

Ganar el campeonato del mundo fortaleció mi amistad con el general. Lo había conocido desde que vivía en El Chorrillo, cuando él todavía era teniente en el ejército panameño y vivía cerca de nosotros, y sus hijos —Martín y Dumas— también querían ser boxeadores. Su trabajo le impedía llevarlos a los entrenamientos, por lo que Plomo consiguió que me encargara de recogerlos —yo tenía unos doce años más que Martín—, los llevara al gimnasio a entrenar y de vuelta a su casa. Me dieron cinco dólares para pagar sus comidas de la semana y, cuando llegó el fin de semana, tenía un par de dólares para devolver:

—Señor Torrijos, aquí está lo que queda.

—Eres un pelao decente —me dijo Torrijos—. Me gustaría que te encargaras de esto todas las semanas.

Los niños crecieron, y un día Martín Torrijos, hijo del general, anunció que se iba a Estados Unidos a estudiar en una academia militar y posteriormente en Texas A&M. Perdimos el contacto. En 2004 asumió el poder, tras ganar las elecciones con el apoyo del cantante y político Rubén Blades —que también se convertiría en mi amigo— y todos los de los viejos tiempos comenzaron a dar vueltas en torno a él en busca de favores, pero nosotros nunca le pedimos nada. Sin embargo, tras la victoria contra Buchanan, un amigo mío insistía en que le pidiera un coche al general Torrijos. Así lo hice. Estaba en su oficina y llamó a un coronel y le gritó por el teléfono:

—¡Ve y consíguele un coche a Durán! —Yo había pedido un Volkswagen, que era todo lo que quería, pero el coronel pidió un coche de lujo con todos los extras. Y eso fue lo único que pedí en mi vida.

El mundo definitivamente había cambiado para Felicidad y para mí, pero intentamos mantener las cosas sencillas. Permanecimos en el mismo apartamento porque yo tenía un acuerdo de respaldo con la compañía de bebidas Super Malta y ellos pagaban el alquiler, que eran de sólo 125 dólares al mes, totalmente amueblado. Pero eventualmente Eleta me compró una casa en un barrio llamado El Cangrejo, con palmeras y un patio al aire libre. Eso estaba muy lejos de donde yo provenía. El Cangrejo se llama así porque sus calles se extienden como las garras de un cangrejo. En la década de 1950 había sido un barrio judío y uno de los más modernos y lujosos de Panamá. Estaba a veinte minutos de El Chorrillo, suficientemente cerca para ir a ver a mis viejos amigos.

El hijo de la señora que vivía en el apartamento de arriba frente a nuestra nueva casa resultó ser Martín Torrijos, a quien yo no veía desde cuando solía llevarlo al gimnasio. Resultó ser que el general, que ahora era la persona más poderosa del país, había tenido un romance con esa mujer y Martín fue el resultado —de hecho, era el único de sus hijos que se le parecía—. Era como si le hubieran cortado la cabeza y se la hubieran dado a Martín, o al revés. Como su madre vivía aterrorizada de que le pasara algo, el único lugar al que lo dejaba ir era a nuestra casa, por lo que venía a comer con nosotros e incluso a hacer sus tareas. Mandé instalar una piscina y él nadaba mientras Felicidad cocinaba para él, y luego se iba a casa a la hora de acostarse.

A veces el general llegaba a la una, dos de la mañana con todos sus guardaespaldas, y como confiaba en nosotros hacía que dejaran sus armas en nuestra casa.

—¿Cómo estás, hijo mío? —me preguntaba—. ¿Todo bien? Voy a estar arriba. ¿Tienes whisky?

—Sí, Chivas Regal.

Subía ya-se-sabe-a-qué y yo me quedaba bebiendo whisky con sus guardaespaldas. Se aparecía dos veces a la semana, así que llegamos a conocerlo bastante bien. Volvía a bajar alrededor de las cinco o seis de la mañana pidiendo whisky. La mujer de arriba sería la madrina de una de mis hijas.

¿Quién se habría imaginado todo esto en los días en que yo estaba entrenando a sus hijos? El general nunca pensó que yo llegaría a ser campeón del mundo, y yo nunca pensé que él acabaría siendo general de la República de Panamá. Y nunca jamás pensé que después el joven Martín llegaría a convertirse en presidente de la República de Panamá. Pero esas son la clase de cosas que pueden pasar en la vida.

El Volkswagen que recibí del general después de vencer a Buchanan pronto me metió en problemas. Yo estaba enamorado de una mujer llamada Silvia, de Puerto Armuelles, en Chiriquí, y un día me dirigía a verla en mi coche nuevo. El viaje nos llevó cuesta arriba y abajo al valle, y justo cuando nos acercábamos a un pueblo llamado David, en pleno campo, comenzó a diluviar. El camino se llenó de barro y no veía ni mierda. Intenté frenar al llegar a una curva y pensé que me había cruzado al otro carril. De repente, las luces de un coche destellaron frente a mí. ¡Bam!, frené en seco, el coche comenzó a girar y nos precipitamos cuesta abajo. El coche se estrelló contra el tronco de un árbol y eso fue lo que me salvó de morir. Me rompí el codo derecho y mi labio era un verdadero desastre. El autoestopista que había recogido en el camino tuvo una lesión en la cabeza.

Seguía diluviando cuando caminamos colina arriba para obtener ayuda y, para ese momento, sangraba abundantemente por la boca y el brazo. Caminamos y caminamos cuesta arriba en medio de ese aguacero. Cuando por fin llegamos a la cima, la lluvia terminó repentinamente, un coche apareció de la nada y el conductor me reconoció y se detuvo.

Nos llevó al hospital de San Félix, pero me angustiaba cada vez más cómo iba a explicar esto a Felicidad. Al médico que me cosió le temblaban las manos.

—¿Por qué tiembla? —le pregunté.

—Durán, me temo que vas a morir aquí.

—Doctor, si no morí allá en la colina, no voy a morir aquí. —Todavía me encontraba a cuarenta minutos de David, donde había un montón de gente esperándome, y le dije al doctor que tenía que irme. Intentó detenerme, pero no había nada que pudiera hacer.

Cuando al fin llegué allí, comenzamos a beber, conocimos a unas cuantas chicas y —aparte del dolor donde me cosieron— fue una gran noche. La noticia del accidente se había difundido y un montón de fanáticos fueron a verme; incluso el jefe local de policía, un viejo amigo, vino a desearme lo mejor. Cuando cerraron los bares, seguimos la fiesta en el Hotel Nacional y al día siguiente continuamos hasta Puerto Armuelles. Cuando por fin regresé a Ciudad de Panamá, con el brazo todavía vendado, tuve que explicárselo todo a Fula. No quedó nada contenta.

Pero eso no fue nada comparado con mi horror cuando me enteré de que Eleta había acordado una pelea contra Esteban de Jesús. Él era considerado uno de los mejores pesos ligeros del mundo, con veintisiete nocauts, diez de ellos en el primer asalto. Eleta y el general Torrijos querían que hiciera mi primera defensa del título en Panamá y, cuando no lograron llegar a un acuerdo, organizaron una pelea sin título en Nueva York.

—¿Por qué, Eleta? —le pregunté—. Tengo la boca hinchada. Mi codo está destrozado.

—Ya firmé el contrato —respondió—. Tienes que pelear.

La pelea estaba fijada para el 17 de noviembre de 1972. Había llegado la hora de prepararme para mi regreso al Madison Square Garden.

Comencé a entrenar a pesar de que el dolor afectaba mi capacidad de trabajo. Terminé pesando cinco libras más que para la pelea contra Buchanan (137½). De Jesús pesaba 138. Las probabilidades estaban en mi contra desde el principio. Diez mil personas y todos ellos puertorriqueños. Pero yo era Durán: había atravesado el infierno para llegar hasta ahí, podría afrontar cualquier cosa.

Primer asalto, al minuto, ¡bum!, me pilla con un gancho de izquierda y me derriba por primera vez en mi carrera profesional. El árbitro, Arthur Mercante, empieza a contar: 1, 2, 3... Me levanto enseguida, sacudo la cabeza y sonrío.

Me recobro... sangraba por la boca; me habían quitado los puntos, pero seguía hinchada. El codo todavía me dolía. Lo herí en el octavo asalto con una derecha. Si no hubiera tenido ese accidente en el coche, lo habría puesto de rodillas. Lo único que hizo fue derribarme. Yo sabía que había ganado esa pelea, pero se la dieron a él por decisión unánime. En treinta y dos peleas era la primera vez que perdía, y después de la conferencia de prensa, de la que no recuerdo mucho, regresé a mi habitación en el hotel, lloré, di puñetazos a la pared y me prometí que nunca volvería a perder. Le dije a Eleta que quería la revancha y tenían que aceptar. Pero tendría que esperar un tiempo: pasaron quince meses antes de que nos enfrentáramos otra vez.

Estaba cabreado por haber perdido. Me cabreé mucho más cuando la prensa panameña se volteó contra mí por primera vez en mi carrera, cuestionando si había entrenado adecuadamente y sugiriendo que parrandeaba mucho. Era mentira, pero gozaban volcándose sobre mí cuando estaba en el piso. Esa sólo fue la primera vez.

Dos meses más tarde, noqueé a Jimmy Robertson en el quinto asalto en Ciudad de Panamá para retener mi título de los pesos ligeros de la AMB. Era un aforo de 18 000 personas en el Gimnasio Nuevo Panamá. Vieron un buen espectáculo y, para que no quedara duda, le saqué un par de dientes con una derecha cruzada en el quinto asalto.

Después de eso fuimos a Los Ángeles para dos peleas, contra Juan Medina y Javier Ayala. La primera estaba programada contra Medina el 22 de febrero de 1973. Fula vino conmigo, pero sólo para la primera pelea —el embarazo de Chavo era tan difícil que vomitaba constantemente—. Se sentía tan mareada que finalmente le dijo a Eleta que me preocuparía demasiado si ella se quedaba, así que voló de regreso a Panamá y fue directamente al hospital, donde pasó un mes. Pero antes de que se fuera, estuvo presente en el gimnasio el día en que por fin conocí a mi padre.

Estaba haciendo trabajo de saco pesado cuando uno de mis entrenadores se acercó y me dijo:

—Durán, me gustaría que conocieras a tu familia. —Primero me presentaron a un hombre y a una mujer que dijo ser mi tía, hermana de mi padre, y su marido, y agregaron que mi padre quería verme. Tenía la nariz de mi padre, me dijeron: una nariz grande (que pasó por una cirugía estética). Acordamos que lo vería en el gimnasio al día siguiente.

Estaba más nervioso de lo que pensé. Después de todo, no lo había visto desde muy pequeño pero, ¿por qué debería preocuparme por él? Eleta nos presentó.

—¿Cómo sé que eres mi padre? —exclamé—. Pruébalo.

—Conozco a tu tío Moisés, a tu tío Chinón, a tu abuela…

Cuando me describió el lugar donde solía vivir mi madre, supe que sí era mi padre. Me llevó a su casa a conocer al resto de la familia y después regresamos al hotel y seguimos hablando. Me aseguró que no había tenido la intención de irse cuando yo tenía sólo un año y medio: lo habían trasladado de Panamá a Arkansas. Había nacido en Arizona, de ascendencia mexicana, y permaneció en el ejército hasta los treinta y nueve años. También había servido en Vietnam. Todo eso era muy interesante, pero no significaba nada para mí. No dejaba de pensar que estaba inventando excusas para justificar su abandono.

A principios de los años setenta, dijo, había visto una revista mexicana de boxeo que me catalogaba como el número seis entre los contendientes de la división de pesos ligeros. Se había sentido orgulloso, aseguró. Pero tal vez no sentía nada más, porque rápidamente nos quedamos sin más que decir.

La persona con la que sí intimé inmediatamente fue mi abuela Estelle, la madre de mi padre. Mi padre me había llamado Roberto por su hermano. Mi abuela me miró y me dijo:

—Este es Roberto Durán. Es mi sangre. —Tenía ochenta y cinco años y era india cheroqui; solía llevar el pelo peinado en trenzas. Había oído hablar de mí, pero hasta que fui a Los Ángeles no había podido establecer contacto conmigo—. ¡Este es mi nieto! —decía llena de orgullo, y quería disfrutar sus últimos años conmigo.

Desde ese momento, mi abuela y mi padre comenzaron a ir a mis peleas y, por supuesto, querían los mejores hoteles y entradas para todo el mundo. No me opuse; estaba ganando buen dinero y no tenía ninguna razón para no hacerlo. Mi papá asistió a tres o cuatro peleas, luego se aburrió y no volvió. Después de eso no lo volví a ver. Pero mi abuela siguió yendo, sin importar dónde fueran, casi hasta que falleció. Fue mi mayor fanática.

—No voy a dejar de lado a mi nieto —decía. Una buena, buena mujer. La adoré.

Muchos años después de la última vez que vi a mi padre, uno de mis parientes en Los Ángeles llamó para decir que él estaba muy mal y que su deseo era que le retiraran el soporte vital. Me preguntaron qué opinaba al respecto. No sentí nada en absoluto. Si quieren matar a mi padre, perfecto, pensé, pero yo no voy a hacerlo. Una semana más tarde recibí una llamada informándome que había muerto. No sentí ninguna emoción. Lo respetaba como padre, pero en cuanto a amor... recuerde que un niño que crece en la pobreza, que no tiene un padre, sólo una madre, siempre va a pensar «¿Por qué me abandonó mi papá?». Lo único que hizo fue hacerme, verme y luego largarse. Eso fue todo. Descanse en paz.

EN EL CUADRILÁTERO, yo seguía dominando como un campeón. Estaba acabando con todos los que se me enfrentaban desde que perdí ante de Jesús; gané diez peleas seguidas, ocho por nocaut, y todo el mundo lo sabía. Y en marzo de 1974 volví a encontrarme a de Jesús. Me olvidé de todo: esto era lo que yo quería: la oportunidad de vengar esa derrota, la pelea que sabía que habría ganado si no hubiera sido por el accidente. De Jesús había ganado ocho peleas seguidas con tres nocauts, incluyendo dos contra Ray Lampkin, Johnny Gant y Alfonso «Peppermint» Frazier, el excampeón panameño. Nada de eso me importaba. No iba a ganarme. Y la gente del boxeo también lo sabía. Yo era el favorito, dos a uno.

Esta vez tendría que enfrentarme en Panamá, en el Gimnasio Nuevo Panamá con capacidad para 18 000 personas. Se esperaba que los ingresos brutos fueran 400 000 dólares, una de las taquillas más grandes en la historia del boxeo en Panamá. Yo ganaría 125 000, y de Jesús tenía 40 000 garantizados. El mundo entero tenía interés en la pelea —sería transmitida en vivo en Estados Unidos, Venezuela, Puerto Rico y algunos países de Europa—. Los asientos de primera fila costaban 100 dólares, que era mucho dinero en esos días.

Antes de la pelea, el mánager de de Jesús comenzó a idear excusas por si perdía... y yo aún no había lanzado el primer golpe. De Jesús se había cortado un labio mientras entrenaba, dijo, tal vez fuera necesario postergar la pelea. Todo se resolvió en el último minuto y finalmente íbamos a pelear en mi propio territorio.

Luego, qué cosa, al principio del primer asalto, unos noventa segundos en la pelea, ¡bum!, ¡me golpea con el mismo gancho con que me derribó en la primera pelea! ¡Chuleta! ¡El mismo maldito gancho! Me levanté inmediatamente y acepté un conteo de protección, ya de pie, de ocho segundos. Él pensó que yo estaba atontado. Mis seguidores también estaban preocupados y saltaban de sus asientos gritando para que me levantara. Pero no estaba en problemas. Fui a mi esquina, sacudí la cabeza y les dije que estaba bien. Me levanté y comencé a trabajarlo. Arriba y abajo. Por todas partes. Lo trabajé a corta distancia y golpeándolo continuamente. En el estadio hacía un calor infernal, lo cual me favorecía porque yo había entrenado toda mi vida en ese calor. Para él no era tan bueno y sentí que menguaba con cada asalto. Era mío y sólo necesitaba rematarlo.

Por fin lo derribé en el séptimo asalto con una combinación de cinco golpes. Supe que estaba acabado y lo rematé en el decimoprimer asalto con un gancho de izquierda a la cabeza, un golpe al cuerpo y otra derecha cruzada a la cabeza.

Ahí estaba mi venganza y mi trigésimo quinto nocaut en cuarenta y dos peleas. Fue una gran noche para mí: vencerlo frente a mi pueblo y financieramente. Esos 125 000 dólares eran la cartera más grande de mi carrera hasta ese momento y Eleta enseguida empezó a hablar sobre una posible revancha con Buchanan, tal vez en Canadá. No me molestó. Me encargaría de cualquier chico que Eleta encontrara lo suficientemente valiente para pelear conmigo.

Después de vencer a de Jesús regresé a casa, donde mi suegra hizo una gran fiesta en mi honor, y estuvimos hasta las cinco de la mañana bebiendo y parrandeando. Pero alrededor de las siete de la mañana, un grupo de policías llamó a la puerta. Pensé que estaba soñando. Golpearon cada vez más duro y más duro hasta que me levanté con una resaca como del infierno.

—El señor Torrijos quiere que vaya a Cuba —me dijo un capitán de la policía.

—¿A Cuba? Ni siquiera me han pagado la pelea.

—Le pagarán cuando regrese. —Los policías me metieron en la ducha, me vistieron y me subieron al avión presidencial con destino a Cuba.

Todo sucedió tan rápidamente que olvidé llevar mi pasaporte, y antes de enterarme habíamos aterrizado en Cuba y era recibido por un cubano grandote con mucha actitud.

—Hey, chico, ¿dónde está tu pasaporte? Necesitas tu pasaporte o tendré que arrestarte.

—Me importa un culo —realmente me tenía sin cuidado. Lo único que quería era acostarme.

Al fin, me llevaron a un cuartel, y allí estaba Torrijos sentado solo frente a una larga mesa.

—¡Hijo mío! —exclamó, al tiempo que me ofrecía un vaso de whisky que definitivamente no se me antojaba—. Quiero presentarte a Castro. Te gustará. Es fanático del boxeo como yo. Tenemos mucho en común.

A su debido tiempo terminamos en un castillo blanco, que parecía un museo, pero en realidad era la residencia presidencial de Fidel Castro. Allí me enseñaron su colección de recuerdos, incluyendo algunas de las armas que había utilizado cuando bajó de las montañas durante la revolución.

Y luego vi a Castro, sentado al lado de Torrijos. Torrijos se levantó de un salto y gritó para que todos lo escucharan:

—¡Durán, me gustaría presentarte a Fidel! —Le di la espalda para dejar mi bebida, cosa que al parecer no se debe hacer: otra persona se hubiera cagado en los pantalones y dejado caer su bebida. Pero yo le di la espalda, y luego lo evalué. Castro me miró socarronamente, con el cigarro en la boca, como si estuviera pensando: «Nadie me había hecho eso». Finalmente, estrechó mi mano y conversamos un rato.

Esa noche fuimos a un estadio de béisbol a ver al peso

pesado cubano Teófilo Stevenson. Me tenían reservado un asiento en la parte delantera, pero me senté en la parte de atrás porque, si había una balacera, los generales y su grupo serían el blanco. Eso es típico en mí, siempre pienso en lo peor. Pero un esbirro se acercó y me dijo:

—El comandante quiere que se siente con él —así que a regañadientes bajé y me senté al lado de Castro.

Siempre se habido discutido cómo le iría a Stevenson contra Muhammad Ali. Se le consideraba el principal peso pesado aficionado del mundo desde que ganó una medalla de oro en los Juegos Olímpicos de Múnich, pero de alguna manera nunca había logrado despegar como Ali. Esa noche peleaba contra un bobalicón de 147 libras; y, sorprendentemente, en los primeros tres asaltos, el hombre le estaba dando una paliza al gran atleta olímpico, que pesaba cerca de 200 libras. De repente, el pelao pareció cansarse. Algo no estaba bien.

En la mitad del tercer asalto, Castro se volteó en mi dirección, mordiendo su cigarro.

—Oye, consorte, ¿cómo te parece que les iría a Cassius Clay y Stevenson?

—Lo mata, jefe. Lo mata.

—¿Quieres decir que Stevenson mata a Cassius Clay?

—No, jefe. Cassius Clay mata a Stevenson.

Volvió a mirarme, mordiendo su cigarro.

—Señor, ¿no sabe que Clay está declinando?

—No, señor. Está equivocado. Stevenson en toda su vida jamás ha peleado quince asaltos. Sólo ha estado en peleas de amateur de tres y cuatro asaltos. Y Ali aguanta muchos golpes, Stevenson no será capaz de noquearlo. Ali tiene demasiada experiencia para él. Junto a Ali, Stevenson parece un niño pequeño.

—Oye, consorte, ¿cómo puedes decir eso? Fidel estaba asombrado de que yo no hubiera escogido a su chico. Pero yo tenía razón. Si hubieran peleado, Ali habría matado a Stevenson.

Cuando regresé a Miami Beach, donde estaba entrenando en ese momento, todos los periodistas cubanos cayeron sobre mí, pensando que era íntimo de Fidel. Comprendí entonces cuán cerca está Miami de Cuba y cuántos exiliados cubanos hay allí. A dondequiera que fuera, me preguntaban cómo era Cuba en ese momento y cómo un pelao como yo podía llegar a estar sentado al lado de Castro. ¡Intenté explicarles lo que había sucedido, pero nadie me creía!

A decir verdad, la política y los políticos me tienen sin cuidado —para mí, todos son igual de malos—. Así se lo digo, a los que vienen de Cuba a Panamá, y soy amigo de ellos. Soy amigo de quienquiera que viene de Cuba a Miami. Si Castro es comunista, ese es su problema. Yo vivo mi vida.

De hecho, mi mejor amigo era un cubano: Víctor del Corral, dueño de Victor's Café en Manhattan. Fue como un padre para mí; un verdadero padre y lo amé con locura. Él me trataba como a un hijo, ya que nunca había tenido uno, sólo una hija. Lo conocí cuando empecé a pelear en Nueva York, porque siempre andaba buscando cocina latina. Justo antes de la pelea con Huertas en 1971, fuimos a Victor's Café, y Flaco Bala —mi traductor— nos presentó:

—Va a ser campeón del mundo algún día.

—Toma lo que quieras —dijo Víctor—. La casa invita.

Su restaurante estaba en la calle 71 y Columbus Avenue, y desde que abrió en 1963 se había hecho muy famoso. Siempre estaba repleto de neoyorquinos, de gente de países latinoamericanos, de estrellas como Barbra Streisand, Liza Minnelli y Michael Douglas, pero en todo momento me trataron como un favorito. Cada vez que iba a pelear a Nueva York, trabajábamos en el gimnasio hasta quedar medio muertos y luego íbamos a donde Víctor. El vínculo entre nosotros duró por el resto de nuestras vidas. Él nunca me abandonó, en los buenos y malos tiempos. No puedo decir eso de todo el mundo.

TRES

EL

REY

LEÓN

Mı AMOR POR EL BOXEO sólo era superado por mi otra pasión: la música. La música típica de Panamá y la salsa. Era un gran admirador de Rubén Blades. Nos habíamos conocido de adolescentes cuando formaba parte de un grupo llamado Bush y Sus Magníficos, y tocaban en clubes en Ciudad de Panamá; un amigo en común nos presentó. Le dije que amaba la música y que habría sido cantante si hubiera podido. Se rio y me dijo que yo cantaba tan mal como él boxeaba, y tenía razón.

Sin embargo, la mayor influencia en mi vida musical fue mi hermano Pototo. Desde que era un niño se la pasaba en las discotecas cantando toda la noche y yo lo esperaba afuera después de que le pagaran, en caso de que algo sucediera, como una riña. Era complicado: yo quería cubrirle la espalda, pero no quería ser arrestado. Íbamos a comer antes de llevarle el dinero a nuestra madre. El hermano de Plomo tocaba conga: le enseñó a Pototo a tocar las congas y desde entonces Pototo fue la estrella. La idea de la banda surgió de un amigo que acababa de salir de la cárcel y quería reunir una orquesta; me preguntó si podía ayudarlo financieramente.

—Claro —le dije—, pero con una condición: que mi hermano toque las congas. Y si él no es bueno, no pasa nada, se va.

Y así formamos una orquesta, que también incluyó a uno de mis mejores amigos, Marcos Guerrero, un excelente músico. Lo conocía desde que éramos pelaos creciendo en El Chorrillo y, aunque no pasábamos mucho tiempo juntos, de vez en cuando me lo encontraba después de que se involucrara en la música y tocaba congas y percusión en bandas locales. Fue el comienzo de una amistad de por vida.

Llamamos al grupo «Los Mamelucos», jerga panameña para babero u overol. Compré todos los instrumentos —me costaron 40 000 dólares, pero valió la pena— y comenzamos a practicar; logramos verdadera calidad al incorporar a un cantante llamado Camilo Azuquita, que era muy conocido en Panamá. Grabamos un LP, *Dos campeones y la Orquesta Felicidad*, que fue bien recibido y se vendió mucho. En 1975 también grabé mi primer disco con otra orquesta de salsa de Pototo, haciendo la voz en varias canciones.

Entre una y otra pelea hacíamos todas las giras que podíamos —a Colombia, a Nueva York, donde presenté la banda a Víctor—, pero el chico que había salido de la cárcel se estaba quedando con la mayor parte del dinero y sólo le daba pequeñas sumas a los músicos. A mí no me importaba el dinero porque yo estaba ganando mucho con mis peleas, pero de todas formas me enfureció y les quité los instrumentos por un tiempo, lo cual hizo el milagro.

Mi problema era que estaba divirtiéndome demasiado y, ya en 1974, me distraía demasiado de mi entrenamiento. Tenía veinticinco años y mantener las 135 libras como campeón del mundo era muy difícil con la música y las fiestas. O dejaba la música o tendría que encontrar otra manera de mantener mi peso, que era un lastre. ¡No había tenido tiempo para ser campeón del mundo en las 135 libras!

Mi carrera en el boxeo seguía muy bien, como esperaba. Después de de Jesús tuve cinco peleas más, incluyendo mi quinta defensa del título de peso ligero de la AMB contra Masataka Takayama, y lo noqueé en el primer asalto en San José, Costa Rica, en diciembre de 1974. Yo sabía que le ganaría incluso antes de empezar la pelea... fue fácil, quizás demasiado fácil. Dos derechas y cayó por primera vez. Otra derecha y, ¡bum!, volvió a caer. Y luego acabé con él con un par de ganchos y otra derecha a la cabeza. Todo terminó en cien segundos y después pude retornar a mi buena vida. Takayama dijo que lo había golpeado sin piedad, que lo lastimé y que no había tenido ninguna posibilidad contra todos mis golpes. Todo era cierto.

Él fue fácil. Ray Lampkin no lo fue. Fue mi segundo oponente en 1975, esta vez en marzo, defendiendo mi título ligero de la AMB en Ciudad de Panamá. Me encantaba pelear allí, por supuesto, aunque cuando peleaba fuera de Panamá, la ABC transmitía las peleas en mi país: traían sus camiones satelitales y se quedaban en el Hilton de Panamá. Todo era muy nuevo y emocionante para mi familia.

Tendría una ventaja inmediata con Lampkin llegando de Estados Unidos a enfrentarme en mi tierra natal. Fue una buena perspectiva, con un récord de 29–3–1 que incluía 12 nocauts. También había perdido contra de Jesús dos veces, ambas en doce asaltos, y había ganado seis peleas seguidas desde esa última derrota; también poseía el título de peso ligero de la Federación Norteamericana de Boxeo. Pero tenía que enfrentarse a mí, en mi casa, delante de mi pueblo, en un escenario al aire libre, caliente y húmedo, todo lo que me favorecía, así que no me desvelé mucho.

Por desgracia, me di cuenta demasiado tarde de que estaba teniendo problemas para mantener mi peso. Me estaba poniendo demasiado grande, y ahora que era campeón del mundo y había tantas distracciones, me costaba trabajo mantener la disciplina. Cerveza. Comida. Con una semana por delante aún podría lograrlo, pero estaba lejos de ser lo ideal: perder tanto peso en tan poco tiempo tiene consecuencias. Cuando llegó el momento de la pelea estaba listo, pero no sabía cuál sería el costo.

Lampkin pensó que podría ganarme con su velocidad, haciéndome perder el ritmo. En el primer asalto se mantuvo en el exterior, sabiendo que si se me acercaba demasiado le plantaría uno de mis característicos ganchos. En el segundo, logró conectar algunas derechas al cuerpo pero nunca me hizo daño, y yo también conseguí encajar algunos golpes mientras el pueblo panameño gritaba y me alentaba. Sus golpes no me lastimaban y, a pesar de que mi preparación no había sido ideal, todavía me sentía invencible.

Minuto a minuto mantuve la presión sobre él y continué atacando. Aguantó hasta el decimosegundo asalto, lo cual lo convirtió en el rival más duradero de mi carrera hasta entonces, así que fue juego limpio. Yo sabía que no llegaría al final. A menos de treinta segundos en el decimocuarto asalto, lo cogí con un gancho a la mandíbula. ¡Bam!, lo engañé con un juego de manos y se cubrió pensando que iba a golpearlo con una derecha, pero lo cogí con una izquierda: Manos de Piedra estaba ahí. Lo noqueé y cayó de espaldas. Su cabeza golpeó la lona. No se levantaría pronto.

Cuando regresé a mi esquina, con los brazos en alto para la multitud que cantaba mi nombre, me di cuenta de que lo había lastimado gravemente. Lo sacaron en camilla y sufrió convulsiones incluso antes de abandonar la primera fila del ring. Los médicos tuvieron que ponerle oxígeno en el camerino. Estuvo inconsciente más de una hora y terminó pasando cinco días en el hospital. Su pierna izquierda estaba temporalmente paralizada y estuvo cerca de la muerte. Tuvo suerte de que yo no estuviera en la mejor forma para esa pelea: si no, lo habría noqueado en seis asaltos.

—Hoy lo envié al hospital —afirmé después de la pelea—. La próxima vez lo pondré en la morgue. No puedo pedir disculpas por lo sucedido: esto es lo que hacemos, somos boxeadores, y esos son los riesgos que asumimos cuando subimos al ring. Yo lo sé y Lampkin también lo sabía.

Más tarde me enteré de que había terminado en cuidados intensivos, donde le habían hecho todo tipo de pruebas neurológicas y clínicas. El general Torrijos incluso lo había llamado a felicitarlo por dar una buena pelea. Fui a verlo al hospital y una de las enfermeras me dijo:

—Ay, señor Durán, el señor Lampkin estaba en muy mal estado. Tuvimos que salvarle la vida. Él no podía hablar, no recordaba nada. —Cuando por fin despertó, pidió café, y la única marca que tenían era una vendida en Panamá llamada Café Durán.

— ¡No, no quiero café Durán! —le dijo a las enfermeras—. ¡Por favor, no!

Su mánager quería una revancha lo antes posible. Por qué, no tengo ni idea, si incluso su propio entrenador decía que pasarían de cuatro a seis meses antes de que pudiera volver a pelear. Regresó a su casa en Portland en silla de ruedas y con los ojos todavía hinchados de la golpiza. Tenía que ir a terapia todos los días y caminar en esas barras que tienen en los hospitales de rehabilitación. Tenía una hinchazón en la parte posterior del cerebro ¡y su mánager hablaba de una revancha! Su entrenador tenía razón: pasaría mucho tiempo antes de que estuviera bien. No volvió a pelear durante siete meses y nunca volvió a ser el mismo después de nuestro encuentro. La revancha nunca se dio.

Para mí, fue mi cuadragésimo segundo nocaut en 50 peleas profesionales. Gané 75 000 dólares libres de impuestos más los gastos del entrenamiento. Pero también había llegado a un punto en el que no podría mantener el peso, lo cual significó una conversación con Eleta. Tenía 25 años y mi cuerpo era diferente, al menos, eso fue lo que le dije. Mi peso natural era 152 libras, lo que dificultaría la vida en la división de pesos ligeros, donde el límite era 135. Incluso cuando entrenaba muy duro a duras penas llegaba a 140, el máximo de los superligeros. La verdad es que la otra razón por la que empecé a pelear en las clasificaciones de mayor peso fue que necesitaba el dinero para cuidar de mi familia y esas divisiones pagaban más. Gracias a Dios, todo salió bien.

Dos peleas más tarde, viajé a Managua, Nicaragua, para una pelea el 2 de agosto de 1975 contra Pedro Mendoza, a quien llamaban «El Toro». No era una pelea por un título; peso wélter ligero. Unos días antes de la pelea, un policía se presentó en el hotel y me informó que el general Somoza, el presidente, quería conocerme. El palacio de Somoza estaba cerca y, al llegar, el general —que era un tipo grande, mucho más grande que yo— ni siquiera me miró. Luego dijo:

—Durán, no mate a El Toro.

—Si no lo mato —contesté—, él me matará. Si no lo noqueo, él me noqueará. —El general no tuvo mucho qué decir ante eso. Yo no iba a recular por nadie, sin importar qué tan importante fuera. Mi esposa se rió cuando le conté:

—¡Estás loco, Durán!

Llegué al cuadrilátero con una colorida bata y los nicaragüenses comenzaron a burlarse de mí, llamándome mariposa. «¡La mariposa! ¡La mariposa!» Mariposa, mi culo. Noqueé al chico a los dos minutos del primer asalto. Inmediatamente, una mujer borracha subió al ring y comenzó a reprenderme:

—¡Te odio! ¡Te odio! ¡Eres la peor persona para visitar Nicaragua! —Y luego cayó boca abajo. La multitud creyó que yo la había tumbado, se puso frenética e intentó lincharme. Tuve la suerte de que la policía me rodeara y escoltara hasta el camerino antes de que nadie pudiera llegar cerca de mí. Salí de allí tan rápidamente como pude y volé de regreso a Panamá a la mañana siguiente, aliviado de abandonar esa locura. Nunca peleé allí otra vez, nunca regresé. Más tarde me enteré de que la mujer era Eleanora Baca, la novia de El Toro. Lo único que sé es que pretendía lastimarme y yo no quería problemas.

Volví a Nueva York por primera vez en casi tres años cuando derroté a Edwin Viruet por decisión en diez asaltos, el 30 de septiembre de 1975. Es una fecha inscrita en la memoria de cada fanático del boxeo, porque fuimos teloneros en el Nassau Coliseum en Uniondale, Nueva York, y el evento principal era la transmisión por circuito cerrado de televisión de la «Thrilla in Manila» entre Joe Frazier y Muhammad Ali. Me quedé a verla y nunca la olvidaré.

Ese mismo año me crucé con otra leyenda del boxeo, Don King, cuando Eleta firmó un paquete con él para promover mis peleas, comenzando con mi defensa del título ligero contra Leoncio Ortiz en Puerto Rico, en diciembre. Gané por nocaut en el decimoquinto asalto, pero lo habría hecho antes si él no hubiera huido tanto de mí. Mi esquina me dijo que lo tomara con calma en el decimotercero, para recuperar las fuerzas y noquearlo en el decimocuarto o decimoquinto, y eso fue exactamente lo que hice. Un derechazo al mentón y quedó terminado, cosa que me alegró porque, después de que mis dos últimas peleas en Puerto Rico fueran ganadas por decisión, quería demostrar a mis fans que todavía hacía honor al nombre de Manos de Piedra. No quería ser recordado como uno de esos boxeadores que sólo buscan los puntos. Cada vez que subía al cuadrilátero quería noquear al tipo, y era importante para mí volver a hacerlo.

Luego el idiota de Viruet me alcanzó cuando iba al camerino y me desafío a volver a competir por el título. ¿Por qué? Ya lo había vencido. Me molesté y le lancé unos cuantos golpes. La policía tuvo que intervenir. Claro, dije, me encantaría darle otra oportunidad. ¡Para volverlo papilla! Resulta ser que eso fue exactamente lo que sucedió.

Viruet era un don nadie. Ali, por el contrario, era alguien y, aunque al igual que todo el mundo, había estado viéndolo durante años, por fin lo conocí el año siguiente cuando yo estaba entrenando en Miami Beach para enfrentar a Saoul Mamby en mayo de 1976. Él estaba allí para filmar la película *El más grande*. Un día, un guardia me detuvo en la puerta del 5th St. Gym y me pidió que esperara pues estaban ocupados filmando. Diez minutos después me dejaron entrar y tuve suerte porque fui el único boxeador al que dejaron entrar a entrenar. Mientras me ocupaba de mis asuntos, Ali me observaba. Golpeé la pera y el saco un rato y luego comencé a saltar lazo.

—Nunca he visto a un hombre saltar la cuerda así —dijo—. Absolutamente extraordinario.

Más tarde, llegaron unas mujeres policía y él empezó a bromear con ellas y darles besos. Pero la esposa de Ali estaba allí y la escuché que le decía:

—Lo hiciste y te voy a dejar. —Incluso con mi incipiente inglés, comprendí lo que ella estaba diciendo y jamás lo olvidaré—. Hemos terminado. —Los observé, pensando, «no puedes decirle eso, ¡es el más grande de todos los tiempos!».

En los años siguientes, cuando me hice más famoso, Ali ya no pudo llenar el Madison Square Garden como solía, así que pusieron mi nombre en la cartelera para atraer público con la esperanza de que se quedaran a ver a Ali. Pero por entonces él y yo sabíamos que la gente había venido a ver a Roberto Durán, no a Muhammad Ali. Pero eso estaba todavía en el futuro.

Miami Beach se había convertido en uno de mis lugares favoritos fuera de Panamá. Por supuesto, me encantaba Nueva York, pero Miami era especial desde mi primera pelea allí en 1975, cuando noqueé a José Peterson. La comida era muy similar a la de mi país, al igual que las costumbres y el idioma. Y los cubanos eran maravillosos conmigo. Mi primer amigo fue un cubano negro que conocí como un mes o dos antes de pelear contra Vilomar Fernandez en el Fontainebleau, en enero de 1977, para defender mi título de peso ligero de la

AMB. Salíamos de putas por Miami y él me llevaba a un club de *striptease*.

Aunque estaba tonteando más y disfrutando de mi tiempo solo en Miami, eso no afectó mi desempeño en el ring y saqué a Fernandez en el decimotercer asalto. Nocaut. ¡Bum!, y retuve una vez más mi título. Dos victorias más y volvió a aparecer Viruet. Al parecer no había sido suficientemente castigado. Ya una vez le había dado una zurra y ahora andaba diciendo que me había ganado cuando peleamos dos años antes. Me hizo lucir mal. Aseguró que me iba a hacer retirar, pero creo que no había leído lo suficiente acerca de mi historia. Yo soy el boxeador que obligaba a los otros a retirarse y él iba a pagar por lo que había dicho. Llegué en buena forma, con 134½ libras. Durante los primeros cuatro asaltos lo golpeé con un montón de golpes al cuerpo. Mantuve la presión durante toda la pelea, pero él hizo un buen trabajo moviéndose hacia adentro y hacia afuera para evitar que le hiciera daño. Lo tuve bastante contra las cuerdas y, aunque aguantó hasta el final, yo siempre tuve el control. Mi victoria sobre él en 1977 fue la decimoprimera defensa de mi título de peso ligero de la AMB.

Pero yo tenía planes más grandes y hombres más grandes para enfrentar, incluyendo el tercer encuentro con de Jesús. Don King, con quien Eleta hablaba regularmente, había planteado la idea de hacerlo en Nueva York en el Madison Square Garden, o en Miami, pero se decidió por Las Vegas. Dondequiera que fuera, yo quería enfrentar a ese hijo de puta. Era otro encuentro de rencor y esta vez tenía la esperanza de que no corriera como lo hizo en la primera revancha.

Durante meses antes de la pelea, se dedicó a hablar mierda de mí. De Jesús había ganado el cinturón del Consejo Mundial de Boxeo (CMB) tras vencer a Ishimatsu Suzuki y lo había defendido en tres ocasiones. Pensó que eso le daba licencia para decir lo que quisiera acerca de cualquier persona. Yo sólo quería cerrarle la bocaza.

Era la primera vez en la historia de Las Vegas en que dos boxeadores latinos se enfrentaban en la carpa del Caesars Palace. Luchábamos por el gran premio: el título mundial indiscutible de los pesos ligeros, pues nadie lo había unificado desde 1971. Para mí esta era una verdadera oportunidad de hacer historia. Para no hablar de la opción de darle otra vez por el culo a de Jesús.

De Jesús tenía el mismo problema que yo para llegar al peso, pero para él era peor porque era demasiado musculoso. Cuando se tienen brazos y un pecho grandes, es especialmente difícil llegar al peso. Como ambos estábamos entrenando en Miami, pude ver que estaba teniendo dificultades: sólo había que mirar su constitución. Saqué fuerzas de eso. Cuando el entrenamiento se ponía duro, sabía que eso no era nada junto a lo que de Jesús estaba sufriendo.

—Este tipo no me va a ganar —le dije a Plomo.

Tal vez de Jesús también lo sabía. Oí que había tenido que trabajar muy duro hasta el último minuto para llegar al peso. Yo tenía que bajar quince libras en un mes, lo cual no era gran cosa para mí pues estaba acostumbrado a hacerlo, y llegué con 134¼. Él estaba en 134, a pesar de la bocota y todo. Pero ambos sabíamos que él estaba en problemas, razón por la cual intentó iniciar algún enredo de mierda antes incluso de que llegáramos al ring. El día del pesaje, casi hubo una gran pelea entre mi gente y la suya. Me lanzó un golpe con sus puños pelados; yo respondí; alguien agitó una silla en el aire: todo estaba a punto de estallar.

Tal vez Esteban trataba de intimidarme, pero todo era mierda. Contrató brujos para lanzarme una santería, un maleficio, pero les dije a dónde ir. Creo que incluso rociaron algún tipo de polvo de santería en el ring cuando yo estaba calentando. Sólo me hizo reír.

Había casi 5000 aficionados en el Caesars Palace esa noche, muchos panameños alentándome y otros tantos de Puerto Rico apoyando a de Jesús. Don King aseguró que la gente de ambos países estaba llegando con maletas llenas de dinero para apostar por su boxeador favorito.

La ventaja que tenía era que cuando él me había derribado la segunda vez en Panamá, me había cogido desprevenido. Yo sólo había pensado en noquearlo y no me había tomado el tiempo para estudiarlo correctamente. En su lugar, sólo había intercambiado golpes. Esta tercera vez no lo haría, aunque era lo que él esperaba. Tenían todo planeado, pensando que me iba a noquear con todas esas tonterías de brujería. Le seguí el juego, siempre esperando una apertura. Sabía que eso era lo que tenía que hacer... él no era muy inteligente cuando uno le boxeaba a conciencia. Sacaría ventaja si me desconcentraba. Y yo no iba a hacer eso.

Le di con un jab en mi primer golpe y sonrió. La sonrisa no le iba a durar mucho esa noche. A los noventa segundos de comenzar la pelea, ya estaba sangrando por la nariz. Casi lo noqueo con un gancho de izquierda al final del asalto. La pelea continuaba y yo podría haberlo noqueado antes, pero necesitaba ser prudente pues no había combatido en cuatro meses. Habría peleado con él toda la noche si hubiera sido necesario; sabía que iba a ganar.

En el séptimo asalto supe que estaba cansado. Yo también, pero tenía una reserva de fuerza. Y la pelea se desarrolló exactamente como había planeado. En el décimo cayó nuevamente, esta vez por un golpe a las costillas. Sus pies se levantaron del suelo. Pude sentir mi puño moliendo su cuerpo, ¿te imaginas lo que habrá sentido él? De Jesús no tenía nada. En el decimoprimero seguí golpeándole el cuerpo. Eso mata a un boxeador: lo deja sin aire, le chupa la vida, y de Jesús no tenía ya mucha vida en esa pelea. No iba a durar quince asaltos.

Llegó el decimosegundo. Cuando iba a lanzar un gancho de izquierda, lo golpeé con un derechazo a la quijada que lo derribó. Se arrastró hasta una esquina neutral, se levantó a tiempo, pero estaba acabado. Y yo fui tras él como un huracán. Le pegué once, doce veces, no perdí un golpe. Sabía que lo tenía. Sabía que se iba. Sabía que tenía que matarlo tan pronto fuera posible. Era sólo cuestión de tiempo. Volvió a caer. El coentrenador de de Jesús finalmente tiró la toalla y corrió al cuadrilátero para impedirle un mayor castigo mientras yo lo tenía contra las cuerdas. El árbitro no detuvo la pelea, la gente de de Jesús lo hizo. No me sorprendió cuando cayó. Por eso me llaman Manos de Piedra.

Esa noche casi noqueo a alguien más. Después de la pelea uno de los manzanillos de de Jesús saltó al ring y trató de empezar algo. Pensé darle un puñetazo, pero retrocedí. Tal vez era uno de los brujos. Santería, pa'l carajo. En el minuto 2:32 de ese decimosegundo asalto, entré a formar parte —junto con el peso pesado Muhammad Ali y el mediano Rodrigo Valdéz— de los únicos campeones indiscutibles del boxeo. La edición del 30 de enero de la revista *Sports Illustrated* escribió:

Con movimientos fluidos y golpeando, deslizando golpes y contrarrestando en lugar de lanzarse contra de Jesús, lo acosó, agotándolo implacablemente y destruyéndolo tranquilamente con salvajes golpes al cuerpo. Durante once asaltos, Durán superó al boxeador clásico en su propio juego, robándole su velocidad y su voluntad de luchar, y sólo entonces se permitió a sí mismo el lujo de acabar con de Jesús.

Esa noche yo estaba solo en el gran escenario. Nunca podría borrar la pérdida, pero esa noche borré a de Jesús y eso me satisfacía.

Había ganado mi trigésimo primera pelea consecutiva. Mi victoria sesenta y uno en sesenta y dos peleas, mi decimoprimer nocaut en doce defensas del título. Pero, más importante aún, tuve mi venganza contra el único hombre que me había ganado. Y otra vez recibí un montón de dinero: 100 000 dólares después de impuestos, más el bono de 1000 dólares de Don King por debajo de la mesa. No me molestaba la rivalidad entre Puerto Rico y Panamá. Él era su ídolo, pero yo no era tan popular como lo había sido en Panamá después de la mierda que la gente hablaba de mí tras perder el primer combate. Quería ganar y luego ir a beber en algún lugar. Y callar a todos los panameños que estaban hablando mal de mí. Eso fue exactamente lo que hice.

¡Obviamente celebré! ¡Roberto Durán siempre celebra! Unas pocas horas después de la pelea, caminaba alrededor del Caesars Palace sin camisa, descalzo, con una toalla alrededor de mi cuello y una botella de champán en la mano. Dos ancianos me observaron en el ascensor y no pareció gustarles lo que vieron. No me importó. ¡Dios mío!, pensé que Nueva York era una gran ciudad con muchas luces, pero este lugar era una locura, con tantas mujeres hermosas. Salté en el coche con algunos de mis compañeros y nos fuimos de fiesta y a emborracharnos. Como dicen los gringos: Las Vegas nunca cierra. Incluso me encontré con de Jesús y lo invité a mi habitación a jugar dominó: aseguró que no podía vencerme en el ring pero sí en dominó. Pero nunca llegó. Más tarde me puse un esmoquin y una camisa con volantes para asistir al acto de Sammy Davis Jr. en un club nocturno, bebí algo más y a las tres de la mañana me comí un inmenso filete.

¿Qué me importaba? No iba a entrenar al otro día ni el día siguiente. Ahora era el mejor boxeador libra por libra del mundo. Había tenido tres grandes peleas con de Jesús, el primer hombre en vencerme, pero no le tenía rencor. El mundo lo vería unos años más tarde.

Después de eso tuve otra pelea en Nueva York. Nuevamente contra Viruet, pero no Edwin sino su hermano Adolfo. Supongo que querían que zurrara a toda la familia. Bien, ¿por qué no? Como de costumbre, fue duro llegar al peso, pero fue aún más difícil pelear, porque ahora todos mis oponentes huían corriendo. Nadie quería pelear conmigo. Me estaban obligando a convertirme en cantante de salsa.

Fue una pelea sin título, por lo que pude llegar a ella con 142 libras, siete más que el límite del peso ligero. Me sentí bien, y no sólo porque no estaba forzado a luchar contra la báscula. Por primera vez en seis años, volvería a pelear en el Madison Square Garden e iba a recibir un lindo pago: 100 000 dólares después de impuestos.

Viruet se presentó a pelear esa noche, pero no iba a ganarme. Lo cogí con algunos buenos golpes para terminar el octavo asalto y supe que el tipo estaba en problemas. No era ese mi caso, a pesar de que me quitaron un punto en el séptimo porque el árbitro dijo que había golpeado a Viruet por debajo del cinturón. Después del décimo y último asalto, los jueces y el árbitro Arthur Mercante me declararon ganador por decisión unánime.

Yo odiaba a los hermanos Viruet y ellos tampoco me

apreciaban. Edwin quiso atacarme porque dije alguna mierda sobre su padre después de la pelea, pero la gente de seguridad controló la situación. Tuvo suerte. Tal vez habría podido vencer a los dos hermanos en una sola noche: ¡eso habría sido otro caso para los libros de récords!

Cuando peleé contra Monroe Brooks el 8 de diciembre de 1978, estaba más que listo para ascender al peso wélter. De hecho, para esa pelea pesaba 147 libras, doce más que el límite del peso ligero. Pero eso no importó y lo vapuleé bastante bien, con varios golpes a la cabeza durante siete asaltos y luego el remate con un golpe al cuerpo en el octavo. Un gancho de izquierda al cuerpo, justo debajo de la caja torácica, y quedó hecho.

Y yo también acabé mis días como peso ligero. Tenía fama de disfrutar de las parrandas —cosa que no me importaba en absoluto—, pero eso significaba que Freddie Brown tenía que trabajar en mí antes de cada pelea. Ya me había obligado seis o siete veces a bajar más de veinticinco libras. Me entrenaba como si estuviéramos en el ejército. «*I no strong! I no strong!*», le decía. Él quería matarme de inanición, yo quería comer. El problema fue que me aburría la falta de competencia real. ¡Algunas veces me preguntaba si alguna vez llegaríamos realmente al ring! Entonces, ¿qué pasó? Engordé y eso dificultaba llegar al peso. Me encantaba comer, me gustaba tomar cerveza y me fascinaba la Coca-Cola. Cuando entrenaba para una pelea, me sentaba con Fula y el resto de mi familia, y no podía comer lo mismo que ellos. Los miraba y les decía:

—Cómanse ese sándwich, está rico. Disfrútenlo. —Y ellos se sentían mal porque yo no podía comer.

Y tenían razón. Yo sufría. A veces no comía durante días. Me metía limones en la boca con la esperanza de quemar la grasa. Obviamente, habría sido más fácil seguir una dieta disciplinada, pero no lograba hacerlo. Cuando mi hermano Pototo se hospedaba en el hotel, le pedía que me comprara seis paquetes de Coca-Cola y escondía las latas debajo de mi cama. ¡A veces, había treinta o cuarenta latas de Coca-Cola debajo de la cama! O las escondía en mi equipaje para que Freddie Brown no las viera. Después del pesaje, las sacaba y bebía Coca-Cola hasta que no podía tragar más.

Freddie Brown me volvía loco. No me dejaba comer nada, pero tenía que seguir entrenando, peleando. No tenía fuerzas, me estaba muriendo de hambre. A mi hermano, Dios lo bendiga, a menudo le decía:

—Hermanito, hermano, cuando bajes a comer, ¿podrías traerme un panecillo o dos? —Y él agarraba un par y se los guardaba en el bolsillo para que Freddie no los viera. Yo me los comía con un vaso de agua. Sin mantequilla. Eso me aliviaba los dolores del hambre para poder dormir. Y después del pesaje, ambos nos hacíamos un regalo: helado y Coca-Cola, todo mezclado, y nos lo engullíamos.

Pero Brown era tan paranoico que mantenía una báscula en mi habitación, la misma que había usado desde que me hice profesional, conocida como «la romana»; volvería a mí después de que me retirara. Brown quería asegurarse de que yo no estaba ganando peso cuando él no estaba mirando, así que cuando terminaba de correr me pesaba. Después del desayuno, me pesaba. Antes de pelear como entrenamiento, me pesaba. Después, me pesaba. Incluso intentaba hacerme entrenar en los cuarteles militares en Panamá, donde pensaba que podría controlar mejor las cosas. ¡Chuleta! Eso era lo que él pensaba. ¡Haría que mis amigos me llevaran filetes a escondidas! Era muy desagradable hacer lo que se necesitaba para llegar al peso. Además, me estaba aburriendo en la división: había defendido mi título doce veces y ya no me sentía estimulado. Sabía que había tipos más grandes y eso significaba más dinero. Eleta hablaba de la posibilidad de enfrentar ese año a José Cuevas, el campeón de peso wélter de la AMB, pero una mejor oportunidad se presentó en mi camino.

Sin embargo, tuve que ir primero a Las Vegas. En febrero de 1979 había tenido que renunciar a mi título de campeón indiscutido de los pesos ligeros, y ahora, dos meses después, iba a pelear contra un estadounidense llamado Jimmy Heair. Era mi primera pelea en siete años sin el título de campeón del mundo. Fue un combate preliminar de diez asaltos y gané por decisión unánime. Por supuesto, Las Vegas era una gran ciudad del boxeo, y durante ese viaje visité el gran boxeador estadounidense Joe Louis, quien se encontraba mal de salud y en una silla de ruedas.

De regreso en Panamá adquirí una inusual mascota: un león. Me encantan los animales y me gusta tenerlos cerca: perros —sobre todo el bulldog inglés—, aves, iguanas... Pero esta mascota iba a ser muy diferente. Tenía un amigo mexicano, Roberto, que era dueño de un circo en Panamá. Me encantaba visitarlo y juguetear con los leones. Pero, con el tiempo, el negocio comenzó a ir mal y mi amigo tuvo que vender dos leones a un zoológico en Panamá. Me dio un águila, pero lo que yo realmente quería era un león. Entonces escuché que una de las leonas estaba embarazada. Le llevé el águila a Roberto, el administrador del zoológico, y le ofrecí cambiarle el águila por el león. Regresé a casa con un cachorro de león y lo llamamos Walla. Se bebía dos o tres litros de leche al día. Le hice cortar las garras y la melena, y tuve que mandarlo castrar. Logramos domesticarlo y yo lo llevaba a todas partes. Lo que realmente me encantaba era llevarlo a carnavales y que la gente se acercara a mirarlo. Incluso compré un camión grande para poder llevarlo conmigo. Un día lo llevé a ver a Roberto.

Él lo miró asustado.

—¿Cómo lo hiciste?

—Lo domestiqué —le respondí. Quedó boquiabierto. Alcé al león—. Ahora quiero ver lo que te di por él.

El águila extendió sus alas. Eran enormes.

—Voy a tener que dejarla ir —dijo Roberto—. Es demasiado grande.

Walla era maravilloso. Vivía en casa, donde todo el mundo jugaba con él, incluyendo los niños y mi vecino de ochenta años. Yo lo bañaba más o menos una vez por semana; lo criamos como si fuera un perro doméstico. Un día, cuando

Chavo tenía como diecisiete meses, gateó hasta el patio y mi esposa gritó:

—¡Ten cuidado, el león está suelto! —Lo siguiente que vimos fue a Walla lamiendo a Chavo: cariñosamente le daba un baño de lengua.

Aquel león era muy inteligente. Podía abrir la puerta de la casa con sus patas. Era tan amigo de nuestro bulldog Jango que dormían y comían juntos. Mirando atrás, eso fue increíble; ahora nadie permitiría que alguien lo hiciera, ¡ni siquiera en Panamá! Nunca nos dio miedo. Incluso mi esposa le daba leche ahuecando sus manos para que bebiera de ellas. ¡Su lengua era como papel de lija! Eleta reía y afirmaba que yo era el único hombre en Panamá que podía despejar las calles sacando un león a pasear. Yo era el rey de Panamá, así que ¿por qué no tener un león en mi entorno?

Una vez lo llevé al Hotel Intercontinental de Panamá. Lo dejé allí a pasar el día mientras salí a hacer algo, y cuando la criada entró a limpiar la habitación se soltó a gritar como loca. Cuando regresé, le pedí disculpas: no sabía que iba a limpiar la habitación. Probablemente fue el día más memorable de su vida.

Walla crecía a ojos vista y yo también. Lo dejé para ir a Nueva York una vez más, esta vez para entrenar para la pelea contra Carlos Palomino. Había subido a la categoría de 147 y peleé contra cuatro opositores fáciles mientras esperaba para combatir por el título de los pesos wélter, cuando se presentó la oportunidad de pelear contra Palomino en el Madison

Square Garden en junio de 1979. Él era excampeón del peso wélter del CMB; le había ganado el título a John H. Stracey de Gran Bretaña y lo defendió varias veces. Aunque ya no era campeón, era el contendiente número uno. Freddie Brown ya había estado en mi esquina durante cinco años y sabía, como yo, que esta era una oportunidad importante para mí. Obviamente era en un lugar que me encantaba, pero también era la oportunidad de demostrar que aún en un peso más pesado mantenía mi poder. Antes de perder su título ante Wilfred Benítez, quien lo venció por decisión dividida por el título wélter del CMB en enero de 1979, Palomino había dicho que se retiraría cuando tuviera treinta años, para dedicarse a la actuación. Cuando peleó contra mí le faltaban sólo dos meses para su trigésimo cumpleaños, y yo me propuse ayudarle a cumplir su deseo.

Una de las razones por las que me encanta Nueva York es que uno se puede topar con cualquiera en cualquier momento, no como en Panamá, donde todos vivimos vidas muy separadas dependiendo de la clase social a la que pertenezcamos. Un día, nuestro equipo decidió ir a jugar sóftbol en Central Park. Un tipo se acercó caminando a nosotros: era Robert De Niro. No lo podía creer. Franco, uno de los chicos de mi equipo, le dijo:

—Este es mi amigo, el boxeador Manos de Piedra.

—Es un gusto conocerlos —respondió De Niro. Y luego nos dijo—: ¿Puedo jugar con ustedes? ¿Puedo traer a algunos de mis amigos? Denme una hora. Media hora después lo vemos venir con un montón de gente: son todos los actores que están en la ciudad para filmar la película *Raging Bull*. Estoy boquiabierto.

—Vamos a patearles el culo —dijo uno de mis amigos y De Niro le contestó—: ¿Quieres apostar? ¿Qué les parece si el perdedor paga la cena?

Yo sabía que si perdíamos podría llevarlos a Victor's. Sería una gran publicidad y yo no tendría que pagar la cuenta.

Acabamos dándoles una paliza. Llamé a Víctor para que nos reservara una mesa para veinte y, al llegar, De Niro dijo:

—¡Champán para todos! —Nos la bebimos como si fuera agua. Para cuando acabamos de comer y beber, la cuenta era de más de 7000 dólares. Fue una buena cosa que no nos tocara pagarla.

De Niro me invitó a su apartamento, un penthouse en el Mayflower.

—Perfecto. En ese hotel me hospedo.

Joe Pesci también estaba allí; era parte del elenco de *Raging Bull*. Finalmente tuve que decirle a De Niro que no podía beber más, tenía que levantarme a las cinco de la mañana a correr.

Me encantaba ver películas. En aquel entonces no había muchas películas en español, pero en Nueva York había un Blockbuster en Broadway donde iba y compraba veinte o treinta películas de VHS a la vez. Siempre regresaba a Panamá con una maleta llena, sobre todo películas de acción, y la familia se peleaba por cuál ver primero.

Por esa época yo mismo tuve un pequeño papel en una película. Para cambiar un poco de escenario, estaba entrenando brevemente en Los Ángeles. Sly Stallone comenzó a pasar tiempo en el gimnasio —era un gran fanático del boxeo y yo le caía muy bien—. Me ofrecieron un papel en *Rocky II*, peleando contra él.

Cuando comenzó el rodaje, Stallone y yo pasábamos mucho tiempo practicando y yo lo trabajaba a fondo en las sesiones de sparring. Intentó saltar como yo pero no pudo, a pesar de intentarlo en serio, porque era un tipo grandote. Estaba en buena forma y se tomaba en serio la filmación; creo que empezó a creer que podría mantenerme el ritmo en el ring. ¡Chuleta, derecho! No me iba a hacer daño. Durante una de las sesiones de sparring lo golpeé bastante y creo que entendió el mensaje.

—Durán, no me golpees en la nariz —me dijo—. Recuerda que soy actor, no boxeador.

Incluso usaba un protector de cabeza —yo no— por si acaso. En la película se puede escuchar al entrenador de Rocky gritando:

—¡Velocidad, velocidad! ¡Agarra a ese vándalo! —y—: ¿No eres capaz de darle a ese mequetrefe? ¡Corta el ring!

Eso era ficción, sólo un montón de boxeo falso, pero la realidad fue que Stallone afirmó que pelear conmigo era como meter la cabeza en una licuadora Cuisinart.

En Palm Springs conocí a un montón de personas de Hollywood —Kirk Douglas, Bob Hope, Trini Lopez—

porque Don King me mandaba a entrenar allá. Me encantaba estar con ellos, imaginando lo que la gente en casa podría estar pensando: Durán, el chico que robaba mangos para ganarse la vida, andando con la realeza de Hollywood. Para alardear ante ellos, golpeaba la pera con la cabeza. Dicen que las manos son más rápidas que el ojo, así que trabajaba para fortalecer los ojos para que fueran igual de rápidos. No perdía de vista la pera. Los gimnasios se llenaban, sobre todo porque a la gente le encantaba la forma en que yo saltaba la cuerda. Me ponía en cuclillas y después me enderezaba como un rayo. Luego cruzaba las manos mientras saltaba. Eso exigía una coordinación, velocidad y fuerza tremendas. Esa técnica me la inventé yo solo.

Pero mi centro de atención en ese momento eran Palomino y hacer una marca en la nueva división. Estábamos de teloneros de una pelea por el título mundial de peso pesado, transmitida a nivel nacional, entre Larry Holmes y Mike Weaver, pero todo el mundo estaba hablando de mí y Palomino. Muhammad Ali se había retirado el año anterior y los fanáticos del boxeo ahora mostraban más interés en las categorías de menor peso. Y, por supuesto, yo era una estrella. Pero hubo mucha gente que pensó que yo no sería capaz de manejar a un boxeador de la habilidad de Palomino debido al ascenso en mi peso. No les presté atención. Supongo que Palomino esperaba que le faltara al respeto en la conferencia de prensa, pero me lo tomé con calma. Incluso le pedí un autógrafo para mi hijo.

—Temía lo peor —dijo Palomino a los reporteros—. Pensé

que haría su habitual acto de insultos. Pero se acercó a mí, me estrechó la mano y me dijo que me respeta como boxeador. Me cogió desprevenido, y creo que eso me bajó el ardor.

No fueron sólo las palabras las que le quitaron el ardor. Fueron mis puños, aunque su alcance era de dos pulgadas y media más que el mío. Lo noqueé directo a la jubilación. Desde el principio fue una gran noche. La multitud estaba conmigo y me dio una gran ovación cuando subí al cuadrilátero. Desde el principio fui agresivo y estuvo claro que iba a ser una buena noche para mí. Lo golpeé y lo maltraté. Era demasiado veloz para él y no podía seguir mis fintas. En el tercer asalto me reía. En el quinto, oía a la multitud cantando «¡*Duu-rán! ¡Duu-rán!*», pidiendo que acabara con Palomino.

Les di lo que querían a los pocos segundos del sexto asalto, cuando lo tumbé con un volado de derecha. Sucedió tan rápido que Ray Arcel aún no había descendido del ring. Era la segunda vez que Palomino caía en treinta y tres peleas. Se levantó rápidamente, pero sólo para seguir recibiendo el castigo. Sangraba detrás de la oreja izquierda. Al final del asalto casi lo vuelvo a derribar con otro derechazo. Para el décimo y último asalto, yo reía y me burlaba de él. No tenía nada para el Cholo. Gané todos los asaltos; tal vez gané todos los minutos. Dos jueces me dieron la victoria con un puntaje 99–90 y otro con 99–91. Entonces supe que yo pertenecía ahí.

Al final de la pelea caí de rodillas para celebrar. Luego me levanté y abracé a Palomino. Me puse de pie en el ring, agarré una pequeña bandera panameña y agradecí a todos los fans que habían estado animándome.

Pat Putnam escribió en *Sports Illustrated*:

> Durán trajo un sentido de belleza casi surrealista al salvajismo, peleando por primera vez como peso wélter y, después de diez asaltos brutales, ahuyentando a Carlos Palomino, el excampeón del CMB, hacia el retiro... [Durán] desconcertó a Palomino con rápidos movimientos de cabeza y fintas de hombros; lo apaleó con puñetazos lanzados a una velocidad cegadora. Algunas veces, sólo para divertirse, fintó a la izquierda, fintó a la derecha y luego, con Palomino en un mundo de frenética confusión, dio un paso atrás y lanzó una sonrisa voraz mientras Palomino se desenredaba a sí mismo.

Hubo una cosa que Palomino hizo muy bien esa noche. Tras reconocer ante Larry Merchant de HBO que ya no era el de antes, Merchant le preguntó si creía que yo iba a ser el próximo campeón mundial de peso wélter.

—Así lo creo —respondió.

—No habla inglés muy bien —dijo Merchant refiriéndose a mí esa noche—, pero boxea como el mejor.

Mi historial estaba ahora en 66–1 y yo listo para más.

Pero la celebración esa noche tuvo un giro triste. Mientras había estado entrenando, murió Chaflán, mi amigo y mentor de los días de mi infancia. Se guardaron la noticia hasta después de la pelea porque no querían que me alterara. Fula finalmente me dio la noticia. Entristecí, incluso lloré un poco. De regreso en Panamá fui a ver a su anciana madre y le di algo de dinero a ella y a su hermano gemelo. Chaflán fue un buen hombre que hizo mucho por mí. Me enseñó sobre la adversidad. Siempre me dijo que era mi amigo. Siempre prometió, con una sonrisa en su rostro, que «todo va a estar bien».

SUGAR RAY ENFRENTA A CHARLES MANSON

SUGAR RAY ENFRENTA A CHARLES MANSON

A PRINCIPIOS DE 1980 recibí una llamada de Eleta.

—¿Sabes algo sobre este boxeador que es una sensación entre los gringos? Es una verdadera estrella y un excelente boxeador. ¿Quieres pelear contra él por el título mundial?

—Por supuesto.

—Es muy rápido.

—Es rápido... Bla, bla.

—No, quiero decir *rápido*. Es un muy veloz chico negro.

—No me importa. ¿Cómo se llama?

—Sugar Ray Leonard.

En aquellos tiempos las peleas se arreglaban así: una llamada y listo. A decir verdad, nunca había oído nombrar al tipo. No me sentaba en casa a revisar a todos los boxeadores del planeta. No perdía mi tiempo pensando en quién podría estar por ahí; mi trabajo consistía en entrenar para la siguiente pelea y ganarla. Todo lo demás se lo dejaba a Eleta. Lo único que sabía es que estaba destruyendo a todos los que se ponían frente a mí, así que un veloz chico negro de Estados Unidos no me iba a desvelar.

Antes de que supiera lo que había sucedido, los medios de comunicación difundieron la historia de que iba a luchar contra Leonard y todo arrancó en grande. Estaba en casa en Panamá viendo las noticias con Flaco Bala y sólo hablaban de ese chico estadounidense, Sugar Ray Leonard, y de todo el dinero que iba a hacer peleando contra mí. Inmediatamente me cabreé. ¿Por qué le darían todo el dinero? Y ¿por qué tanta atención? ¿No sabían nada de mí, de Manos de Piedra? Flaco Bala aseguró haber visto una mirada en mis ojos, una mirada malvada que nunca había visto antes.

—Lo odio —le dije a Flaco Bala, a pesar de que apenas había oído hablar del chico—. Lo volveré papilla.

—No lo odies —me respondió Flaco Bala—. Así son las cosas en Estados Unidos. Lo venceremos y, al hacerlo, venceremos al sistema.

No dije nada, pero seguía sintiéndome igual. Leonard era un niño bonito, invicto (27–0), y le gustaba a todo el mundo por su encanto y talento para el espectáculo, como Muhammad Ali. Tenía el apoyo de compañías gringas como 7UP y los medios de comunicación lo amaban por su buena figura. Yo obviamente no tenía esas cosas a mi favor, porque no hablaba inglés y no iba a aprender sólo para hacer algún comercial de mierda.

Ray era el gran héroe estadounidense, un Supermán, un dios. Y ahí estaba este latino que nadie podía descifrar, sabiendo sólo que era una verdadera fuerza de la naturaleza.

Pero en el ring no me podían ignorar: 71–1, con 56 nocauts, toda una leyenda. Combinados, nuestros registros eran 98–1 y yo había hecho la mayor parte del trabajo. Me importaba un bledo el héroe estadounidense... o Supermán. Lo que quería hacer era derrotar al chico de calendario gringo. Como Don King, mi promotor, decía, yo era «el pequeño asesino». Tenía tres meses para prepararme para la pelea y me prometí que entrenaría más duro que nunca. Iba a demostrarles que subestimar a Durán era un gran error.

En ese momento, los boxeadores latinos estaban apenas empezando a llamar la atención en Estados Unidos. Había boxeadores puertorriqueños populares como de Jesús en la costa este, pero mucha gente en Nueva York estaba resentida con los puertorriqueños, que eran vistos como migrantes económicos en busca de una vida mejor. La mayoría de los estadounidenses aún no eran conscientes de lo que estaba sucediendo con los boxeadores mexicanos en Texas y California, o en la costa oeste: luchadores como yo, José Nápoles y otras estrellas internacionales. Pero mi record significaba que era a mí a quien le prestaban atención, y haber dicho que iba a volver papilla a Leonard los entusiasmó aún más. Muhammad Ali estaba al final de su carrera y a nadie le interesaba ver un viejo boxeador en el ring, todos querían ver a Durán. Pero los periodistas estadounidenses no pasaban de escribir que Leonard esto, que Leonard lo otro. Seguían obsesionados con los Juegos Olímpicos de Montreal en 1976, donde cinco boxeadores estadounidenses —Leonard, Howard Davis Jr., Leo Randolph y los hermanos Spinks— habían ganado medallas de oro. Si había algún interés en los boxeadores extranjeros era para los chicos que hacían dinero en Europa, como Carlos Monzón.

Leonard tampoco sabía mucho sobre mí, ya que yo era un peso ligero y él era peso wélter —ni siquiera habíamos peleado en la misma cartelera—. Más tarde diría que me vio pelear por primera vez en Las Vegas, cuando él estaba sentado detrás de Jackie Gleason. Leonard era un gran admirador de Gleason —le encantaba su participación en *The Honeymooners*— y le había dicho:

—Oye, voy a pelear con él.

Y Gleason le respondió:

—Jamás repitas eso. No pelees con ese chico, ¡es un monstruo! Te matará. —Leonard quedó tan ofendido por eso que incluso dejó de ver *The Honeymooners*. Pero Gleason tenía razón. Leonard tenía mucho de qué preocuparse.

No me faltaba motivación para vencerlo: para empezar estaba el dinero. Yo recibiría sólo millón y medio de dólares mientras que a Leonard le darían más de ocho millones pero, a medida que se acercaba la pelea, eso me preocupaba menos que la oportunidad de escribir mi nombre en la historia. Cuando venciera a Leonard, como sabía que lo haría, habría logrado algo que ningún boxeador en la historia había hecho: habría vencido al invicto niño bonito estadounidense. Empecé a decirle a los reporteros que pelearía por nada, que no respetaba a Leonard, que él tenía una bocaza y hablaba demasiado: tal vez, si le daba suficientes puñetazos en la cara, se callaría. A la prensa le gustó: entendieron que Leonard tenía una verdadera pelea por delante.

En muchos sentidos, yo era Mike Tyson antes de que Mike Tyson apareciera. Los boxeadores me echaban una mirada y se cagaban los pantalones. Leonard no sería diferente. Los gringos estaban empezando a entender que nunca se habían cruzado con nada como yo, este ser espeluznante, mortal, con su pelo negro azabache, sus ojos oscuros y sus malas intenciones. «El Diablo», me llamaron. Yo no iba a hacer nada para hacerlos pensar de otra manera.

Así que cuando enfrenté a Leonard yo era el «otro»: el forastero, el extranjero misterioso luchando contra el gran héroe estadounidense, que era tan digno y respetable y tenía una personalidad tan maravillosa y tan mediática y toda esa basura. El bien contra el mal, y yo era el mal. Era como todas esas películas que solía ver cuando era un pelao en Panamá: los vaqueros contra los indios. Chuleta, yo tenía sangre mexicana en mí. Lo mejor era que me tenía sin cuidado. Podían escribir lo que quisieran sobre mí: yo no sabía leer en inglés.

Nunca participé en el aspecto financiero de mi carrera, pero lo que fuera que estuvieran diciendo de mí, bueno o malo, estaba generando un gran interés. La pelea incluso había reunido por primera vez a dos promotores rivales: Don King y Bob Arum, que era el de Leonard y había organizado peleas para Muhammad Ali y otros boxeadores famosos. King y Arum no simpatizaban, pero les encantaba el dinero. Y esta pelea iba a producir mucho dinero para mucha gente.

Antes de la década de 1980, todas las grandes peleas se transmitían en televisión en el horario estelar, pero ahora los promotores pedían a los aficionados pagar por las mejores peleas, y el mercado de televisión de pago y circuito cerrado apenas comenzaba, aunque hasta entonces se había usado sobre todo para las grandes peleas de Ali, especialmente contra Joe Frazier. Pero ahora Durán versus Leonard estaba recibiendo su cuota de atención. Arum aseguró que esta pelea iba a ser el comienzo de una revolución en el boxeo y la televisión, y tenía razón. Iba a ser vista en circuito cerrado de televisión en más de 250 teatros y estadios, y también en dos sistemas de pago por ver en Los Ángeles y Columbus, Ohio. ABC Sports no la iba a transmitir en vivo, sino el 19 de julio durante su programa *Wide World of Sports*.

Mientras tanto, había tiempo suficiente para publicitarla, y obviamente las ventas aumentaban si había mala sangre entre nosotros. Las cosas empezaron bien, pero todo cambió en abril cuando fuimos al Hotel Waldorf Astoria en Nueva York para que King, Eleta y los otros fijaran la fecha para el 20 de junio de 1980 en el Estadio Olímpico de Montreal: la apodaron «La contienda en Montreal». Ante las cámaras, Leonard me sonrió y dijo «Hola». Era la primera vez que lo veía, pero ya lo odiaba.

Me senté frente a los micrófonos.

—Vine a pelear —le dije a los reporteros—. No a payasear. Díganle a Leonard que, cuando pelee conmigo, va a tener una verdadera pelea en sus manos.

Creo que logré asustar a Leonard desde el principio e

Madison Square Garden, 1972. Estaba decidido a ganarle a Ken Buchanan y ganar el título para mi ídolo, Ismael Laguna. (*The Ring* Magazine/Getty Images)

Sin Freddie Brown (a mi izquierda), jamás me habría convertido en el nuevo campeón mundial de peso ligero. (Bettmann/Getty Images)

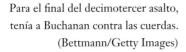

Para el final del decimotercer asalto, tenía a Buchanan contra las cuerdas. (Bettmann/Getty Images)

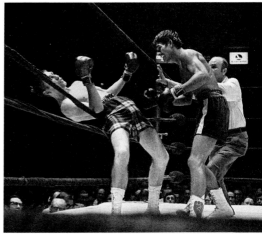

Celebrando con Ray Arcel (en medio) después de la pelea contra Buchanan en el Madison Square Garden. (*The Ring* Magazine/Getty Images)

Exámenes físicos antes de la pelea, con Esteban de Jesús en 1972. El haber perdido contra el campeón peso ligero de esa época me incentivó para ganar mis próximas 41 peleas. (Bettmann/Getty Images)

Con el promotor Don King y el puertorriqueño Edwin Viruet antes de nuestra pelea de 1975, que gané después de una decisión unánime de diez asaltos. (Bettmann/Getty Images)

Con mi esposa, Fula, y nuestro hijo Roberto Jr., después de la pelea contra Viruet. (Bettmann/Getty Images)

Lanzando un golpe contra Juan Medina durante la pelea en el Auditorio Olímpico de Los Ángeles. Gané por nocaut técnico en el séptimo asalto. (*The Ring* Magazine/ Getty Images)

4 GREAT FISTIC CHAMPIONS IN THE YEARS BIGGEST DOUBLEHEADER

MADISON SQ. GARDEN | WED. SEPT. 20TH

31st ST. TO 33rd STREET ON 7th AVE.

AT 8:30 P.M.

MAIN EVENT — 12 ROUNDS

MUHAMMAD ALI

Former Heavyweight Champion Of The World - Most Colorful Fighter Of All Time

VS.

FLOYD PATTERSON

Only Fighter Ever To Hold Heavyweight Championship Twice

Extra Special 10 Round Co-Feature

ROBERTO "ROCKY" DURAN

Panama - Hard Punching Lightweight Champion Of The World

VS.

CARLOS ORTIZ

Puerto Rico - Former 2 Time Lightweight Champion Of The World

PRICES: RINGSIDE & LOGE $75.00 — 1st PROMENADE $50.00
2nd PROMENADE $40, $30, $20 — MEZZANINE $10.00
TICKETS NOW ON SALE AT GARDEN BOX OFFICE, PHONE 564-4400

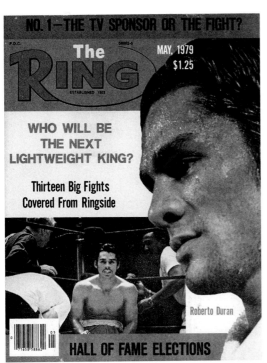

NO. 1—THE TV SPONSOR OR THE FIGHT?

P.O.C.

The RING

ESTABLISHED 1922

MAY, 1979
$1.25

WHO WILL BE
THE NEXT
LIGHTWEIGHT KING?

Thirteen Big Fights
Covered From Ringside

Roberto Duran

HALL OF FAME ELECTIONS

A medida que me fui haciendo famoso, me ponían en la cartelera de las peleas de Muhammad Ali para que viniera la gente y para asegurare de que se quedara. Muy pronto empezaría a aparecer en portadas de revistas. (Arriba: Private Collection/Photo © Christie's Images/Bridgeman Images; izquierda: *The Ring* Magazine/Getty Images)

Celebrando mis triunfos sobre Viruet en 1977 y Zeferino Gonzales en 1979. (Izquierda: *The Ring* Magazine/ Getty Images; arriba y abajo: Ron Galella, Ltd./WireImage)

Los americanos comenzaron a llamarme «El Diablo». Yo era el misterioso boxeador extranjero que peleaba contra su gran héroe americano, Sugar Ray Leonard. (Izquierda: *The Ring* Magazine/ Getty Images; abajo: John Iacono / *Sports Illustrated*/Getty Images)

En 1980 le gané a Sugar Ray Leonard. Muchas personas decían que jamás podría, pero cuando me meto al cuatrilátero, sé que puedo hacer cualquier cosa. (Arriba: Focus on Sport/ Getty Images; derecha: Manny Millan/ *Sports Illustrated*/Getty Images)

Con mi bono de 2000 dólares después de haber ganado la corona del peso wélter. (Bettmann/Getty Images)

Jamás dije «No más». Simplemente no era mi noche y no podía seguir peleando. (Arriba: Bettmann/Getty Images; abajo: *The Ring* Magazine/ Getty Images)

Después de tensión y pullas antes de la pelea en 1982, Don King intenta separarme de Wilfred Benítez. (New York *Daily News* Archive via Getty Images)

La pelea peso superwélter contra Benítez. Al final, él fue mejor y más fuerte que yo. (*The Ring* Magazine/Getty Images)

Davey Moore era el preferido en 1983 pero fui yo quien salí con el título. (Bettmann/Getty Images)

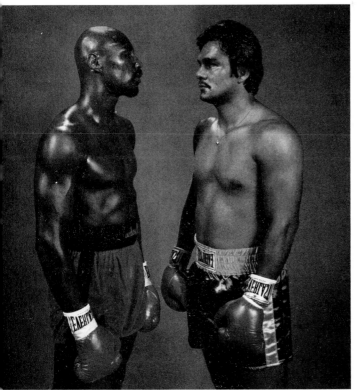

Marvin Hagler y yo hicimos mucha promoción antes de nuestra pelea en 1983. Al final, me fracturé la mano después de golpearlo en la cabeza y perdí por dos asaltos. (Bettmann/Getty Images)

Con mi hijo Robin
en Palm Springs.
(Trinity Mirror/
Mirrorpix/Alamy
Stock Photo)

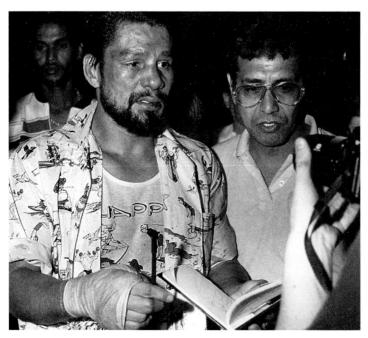

Después de mi derrota por Robbie Sims en 1986. Yo estaba decidido a
seguir boxeando a pesar de haber perdido esta pelea, la sexta derrota
de mis trece últimas peleas. (Donaldson Collection/Michael Ochs Archives/
Getty Images)

Entrenando antes de mi pelea de 1989 contra Leonard. Nueve años después del «No más», perdí nuestra tercera pelea por decisión unánime. (Bettmann/ Getty Images)

El 20 de diciembre de 1989, los Estados Unidos invadió a Panamá. Muchas personas quedaron sin hogar, edificios fueron destruidos y mi barrio —El Chorrillo— sufrió. (Arriba: Cindy Karp/ The *Life* Images Collection/Getty Images; abajo: Steve Starr/CORBIS/Corbis via Getty Images)

Presentación de *City of Angels* en Broadway en 1990. (Ron Galella, Ltd./ WireImage)

Pelea contra Héctor Camacho —el payaso— en Atlantic City. No tenía idea de que esa sería mi última pelea. Unos meses después tuve un accidente automovilístico muy serio. (*The Ring* Magazine/Getty Images)

Conociendo a Nelson Mandela con Marvin Hagler en 2007. Fue un gran honor poder pasar tiempo con un líder tan inspirador. (Anna Zieminski/AFP/Getty Images)

El Diablo. Manos de Piedra. Con Sugar Ray Leonard cuando entré al Salón de la Fama del Boxeo de Nevada en 2014. (Ethan Miller/ Getty Images)

hice todo lo posible para intimidarlo. Teníamos puestos unos guantes de esos gigantes con el logotipo del patrocinador que usan para las imágenes publicitarias y, aunque se suponía que sólo posaríamos con ellos, yo empecé a golpearlo en la cabeza, cada vez un poco más duro. Creo que no se lo esperaba. En la conferencia de prensa nos ofrecieron comida. Extraje pedazos de fruta con mis manos, clavé mi tenedor en la carne y me lo devoré. Todo era parte del plan: hacerle pensar que estaba loco. ¿Qué diablos iba a hacer yo a continuación? Sabía que él boxeaba bien, así que, si quería ganarle, tendría que meterme en su cabeza y desestabilizarlo mentalmente. Íbamos a luchar en mis términos y eso significaba una pelea callejera.

Y entonces comenzó a hablar mierda.

—No sólo voy a vencer a Roberto Durán. Lo voy a matar. —Cuando los reporteros le preguntaron sobre mis ojos oscuros, intentó hacer una broma de ello: los ojos no pueden lastimar, sólo los puños lo hacen. Aseguró que era demasiado rápido para mí, que era el rey de la división.

¡Chuleta, qué payaso! Qué payaso. Lo llamé maricón. Nunca había peleado contra un hombre que me cayera bien, y ahora también odiaba a Leonard. Era estúpido que hablara toda esa mierda. No me preocupaba su récord de invicto. Todos aquellos con los que había luchado antes de mí estaban muertos. Ahora iba a pelear contra Roberto Durán, y Durán estaba muy vivo.

Para comenzar, entrené en Nueva York en el gimnasio Gleason's, luego me trasladé al gimnasio Grossinger's en las montañas Catskills. No conocía mucho el lugar, pero tenía una gran reputación con los boxeadores estadounidenses. Yo era el séptimo campeón mundial que entrenaba allí. Era un complejo inmenso, tenía de todo: instalaciones para balonmano, tenis, esquí, patinaje sobre hielo y otros deportes.

Y era muy tranquilo, lo cual era perfecto. Las únicas personas que me crucé eran grupos de ancianos judíos de vacaciones, y no los veía mucho. Iba al restaurante dos veces al día y no había mucha gente, cosa que me convenía porque Freddie Brown estaba siendo muy estricto con mi dieta. Sólo me permitía comer carne y verduras al vapor. Y agua, galones y galones de agua. Para romper la rutina, probé algunas veces la sopa judía de pollo y me gustó, pero lo que realmente anhelaba era una buena comida casera.

Brown me estaba exigiendo más que nunca. Su idea era que el entrenamiento debía sentirse como una cárcel. Por lo menos en las montañas Catskills el aire era fresco y refrescante, y tenía a Kevin Rooney —quien más tarde entrenaría a Mike Tyson— como uno de mis compañeros de sparring. Era un buen chico. Mi compañero de salsa, Rubén Blades, también fue a pasar tiempo con nosotros. Jugábamos dominó y a veces él me hacía de traductor cuando los periodistas gringos iban a cubrir las sesiones de entrenamiento.

No me gustaba hablar en inglés... era muy fácil decir algo que podría ser malinterpretado. Pero a veces me entendían cuando hablaba en español.

—Peleo por la plata —les dije un día. Pero, por supuesto, esta pelea era diferente porque yo quería el dinero y el título.

Mantenía un bongó grande a los pies de mi cama y, por las noches, después del entrenamiento, tocaba los timbales para recordar mi hogar y mantener el ánimo. Para ayudarme a olvidar la pelea, por la noche ponía discos de salsa que me hacían pensar en mi madre, Clara, allí en Panamá, y en cuánto la amaba y quería cuidarla. Le había comprado una casa; ahora quería más: para ella, para mí, para mi familia. Caía dormido hasta que Freddie Brown me despertaba para salir a correr en la oscuridad, y la rutina comenzaba de nuevo. Hablaba mucho con el Flaco Bala y algunos de los otros en mi equipo: conocía los trucos que Leonard iba a usar e iba a estar listo para ellos.

En el pasado había sido muy desordenado antes de las peleas, gastando un montón de dinero en trago y mujeres. Esta vez no. Era consciente de la importancia de este encuentro y no iba a permitir que nada me distrajera. Esta era mi oportunidad de hacer que el mundo me prestara atención y no la iba a desperdiciar. Desde que crecí demasiado para luchar en los pesos ligeros, nunca había estado en mejor estado físico.

Viajamos a Montreal tres semanas antes de la pelea. Trabajé muy duro; estuve a punto de noquear a uno de mis compañeros de entrenamiento, pero cometí un gran error. Un boxeador depende de sus piernas: tienen que ser fuertes, así que empecé a entrenar llevando botas de vaquero para fortalecerlas. Eso hizo que subir y bajar colinas corriendo fuera mucho más difícil. Pero también me afectó la espalda. Fui trasladado a un hospital en Nueva York y me acostaron debajo de un artilugio que parecía un láser: ¡era como aquella escena en *Goldfinger*, la película de Bond! Pero al menos me quitaron el dolor.

Pensé que estaba manipulando muy bien a Leonard, pero ustedes no creerían los trucos que ellos estaban jugándome... incluso hacer la pelea en Montreal, donde él había ganado su medalla de oro olímpica y todo el mundo lo adoraba. Pero cuando me presenté con una camiseta que decía Bonjour Montréal! y firmé autógrafos, me gané a todo el mundo. Hice todos mis entrenamientos en público; nos establecimos en un céntrico centro comercial y miles de aficionados iban a verme entrenar. Les encantaba verme saltar la cuerda y golpear la pera a grandes velocidades. A pesar de que no podía hablar en inglés, me las arreglé para charlar con la gente y nos llevábamos muy bien. Me sorprendió que no fueran más adeptos al estadounidense sino que, de hecho, prefirieran al tipo duro. Amaban todo lo que yo representaba. La conclusión era que amaban al más jodido.

En Montreal, como en las Catskills, tuvimos un gran campamento. A pesar de que estábamos hospedados en un hotel, Fula cuidaba mi dieta, encargándose de hacer las compras y cocinar ella misma. Tenía cinco meses de embarazo de nuestro segundo hijo, Robin, así que no salimos mucho. Pasábamos el tiempo en nuestra habitación descansando. Y cuando entrenaba, me concentraba en liquidar a Leonard. ¿Cómo? Yo sabía que su hermano me estaba espiando —lo veía tomando notas—, así que pulsé todas las teclas a Leonard. Sabía que podría convertir la pelea en una reyerta.

Incluso ataqué a su esposa. Un día, me topé con Leonard, quien caminaba por la calle con Angelo Dundee, su entrenador, y su esposa, a quien le hice pistola en ese momento. Le dije a Leonard que le iba a cortar las bolas. Se enojó. Quería pelear conmigo en la calle, ahí mismo. La intención era enloquecer a Leonard y funcionó. Más tarde me enteré de que fue ahí cuando realmente comenzó a preocuparse. Yo era mucho más inteligente de lo que las personas creían y sabía que si Leonard trataba de pelear conmigo en lugar de boxear, él estaría en problemas. Angelo Dundee se refirió a ello como uno de los mejores timos del boxeo.

Leonard no sabía cómo manejar esa mierda. Siempre había sido el niño bonito, el tipo que sonreía frente a las cámaras, el chico bueno, el chico que estaba arriba y tenía el control. Yo me aseguré de que dejara de ser así. Cada vez que lo veía, me acercaba y lo llamaba maricón y cosas peores. Cuestionaba su virilidad, que era lo más importante. Cuando llegó el momento de la rueda de prensa, él no quería estar allí. No quería lidiar conmigo y mi actitud. Todo eso lo estaba volviendo loco y, mientras él estaba ocupado enfureciéndose y queriendo destruirme, su plan de pelea volaba por la ventana. Lo estaba desestabilizando y tendiéndole la trampa perfecta. O eso pensé. Y ahora llegamos a la parte buena.

Tres días antes de la pelea, tenía que hacerme el examen físico previo y me conectaron a unas máquinas, incluyendo un monitor cardiaco. Y ¡sorpresa! El electrocardiograma mostraba un ritmo cardíaco anormal. («No puede tener un

problema de corazón —bromeó Arcel—. No tiene corazón»).
Esto es lo que el Dr. Bernard Chaitman, el cardiólogo del
Montreal Heart Institute, le dijo a los medios de comuni-
cación:

> Su electrocardiograma arroja unos resultados que,
> en una persona normal, podrían ser interpretados
> como enfermedad coronaria: el estrechamiento de
> las arterias del corazón. Sin embargo, este tipo de
> patrón de electrocardiograma a menudo se presenta
> en atletas altamente entrenados. En un atleta bien
> entrenado, el músculo del corazón puede ser un
> poco más grueso que en un individuo promedio,
> dando lugar a un tipo inusual de patrón de electro-
> cardiograma. Lo que sucede en el caso de Durán es
> que su patrón es ligeramente más marcado que en el
> boxeador promedio.

Qué chorrada. Estaba convencido de que era un ardid de
Leonard para evitar la pelea.

Por fortuna, Eleta había llamado al general Torrijos y
llevaron a un reconocido especialista en corazón panameño.
Me hicieron otro examen. Me pusieron en una cinta a la
máxima velocidad y a correr, bum, bum, bum. Corrí durante
una hora. El especialista observó el gráfico y se entusiasmó
mucho. No había absolutamente nada malo. Corrió por el
corredor del hospital dando gritos: «Hay pelea... ¡Hay pelea!».

Con sólo un par de días por delante, y dado que ya había corrido una hora en la cinta, Eleta decidió que no habría ningún combate de entrenamiento ese día, para estar seguros.

Y tenía razón: yo estaba en perfecto estado, física y mentalmente. Tenía a mi familia, a los panameños y a la ciudad de Montreal en mi esquina, a pesar de que Torrijos no pudo asistir porque su médico temía que si yo perdía, *su* corazón no lo resistiría. Terminó viendo la pelea en su casa por la televisión, con su médico al lado.

Esta iba a ser mi primera prueba como rival a un título en ocho años, y la primera vez en mi carrera que entraba en el ring sin ser el favorito. Leonard era favorito nueve a cinco —incluso Muhammad Ali le apostó a él—. Pero los comentaristas deportivos eran más sensatos. En una encuesta a treinta de ellos, dieciséis me daban la victoria por nocaut y uno por decisión. Ellos veían lo mismo que yo: Leonard estaba perdiendo la cabeza por causa mía. La volvió a perder en el pesaje: me hizo pistola, así que le dije que se fuera a la mierda y lo volví a llamar maricón. Luego miré a su mujer:

—Su marido no le sirve —le dije—. Después de vencerlo, yo la jodo.

¡Eso lo enloqueció del todo! No sabía qué hacer y, ciertamente, ya no tenía un plan de pelea. Simplemente ¡quería matar a Durán! ¡Perfecto!

El día de la pelea, fui con mi hijo Chavo, que acababa de llegar de Panamá, al barbero para que me cortaran la barba. Él tenía sólo siete años y esta era su primera gran pelea. Mi esposa incluso le había hecho una pantaloneta de boxeo exactamente igual a la que yo usaría en el ring: blanca y roja, que decía ROBERTO DURÁN en letras grandes.

En el vestuario esa noche pude ver en el monitor que Leonard le lanzaba un beso a mi esposa. Cuando la esposa de Leonard apareció, le hice pistola, y deben haberme filmando pues se vio en las pantallas de transmisión satelital en vivo del estadio. Los fans se morían de la risa. La escena estaba lista para la mayor sorpresa en la historia del boxeo.

La llamaban «La pelea de la década» y había cerca de 50 000 personas en el estadio, incluyendo a unos 2000 panameños agitando banderas nacionales y tocando tambores. Chavo estaba cerca del cuadrilátero, unas diez filas atrás, con mi esposa y su pantaloneta roja y blanca. Los asientos de primera fila se vendían por 500 dólares. También iba a tener la mayor audiencia en la historia de la televisión de circuito cerrado, con millón y medio de seguidores viéndola. Cuando salí con mi séquito, Ferdie Pacheco, médico de Ali, que era uno de los comentaristas para la cobertura de televisión, comparó la atmósfera con la de la primera pelea entre Ali y Frazier en el Madison Square Garden en 1971.

Subí al ring no sólo con una bandera panameña, sino también con una flor de lis azul y blanca, la bandera de Quebec. El ruido era ensordecedor, era un manicomio. Ray Arcel y Flaco Bala fueron los primeros en subir al ring. Había estado lloviendo muy fuertemente en Montreal y mucha gente llevaba bolsas de plástico para mantener la cabeza seca. Pero milagrosamente, cuando salté al cuadrilátero, la lluvia se detuvo: un buen augurio. La ovación fue tremenda, el ruido más fuerte que cualquier cosa que hubiera escuchado antes. Saludé con una reverencia a la multitud y le soplé besos. Había tanta gente en mi esquina en Montreal, gritando, animando y orando para que venciera al ídolo estadounidense. ¡Lo estaban abucheando! Mi gente no estaba allí para ver a Leonard: estaba allí para ver a Roberto Durán.

—Esto es irreal —exclamó Pacheco.

Dave Anderson, del *New York Times*, preguntó a Joe Frazier, que estaba en primera fila, si yo le recordaba a alguien.

—¡Sí! —respondió Frazier—, a Charles Manson. —Tenía razón. La gente no quería estar cerca de mí antes de una pelea. Era como un león enjaulado. Ahora la espera había terminado, estábamos en el ring y era el momento de la verdad.

Estaba enardecido. Me calenté lanzando unas cuantas combinaciones, pensando que en pocos minutos se las haría a Leonard, pero con golpes reales que le dolerían. Entonces mi ídolo, Ismael Laguna, subió al ring luciendo un hermoso traje blanco y llevando una pequeña bandera panameña. Nos abrazamos... ¡un momento hermoso para mí! ¡Esta iba a ser una gran noche para Panamá!

Había llegado la hora de acabar con el héroe estadounidense. Me preocupaba que el árbitro, Carlos Padilla, resultara ser un problema, porque Arcel sabía que siempre intentaba separar a los boxeadores rápidamente, lo cual impedía que un boxeador agresivo como yo trabajara a corta distancia. Arcel incluso se acercó a él antes de la pelea y le dijo:

—Eres un buen árbitro, pero sólo espero que dejes a mi

chico hacer su pelea en el interior. Creo que la presión llegó a Padilla y realmente nos dejó pelear a corta distancia en lugar de evitar los clinches. Y ese era el plan que habíamos tramado con Arcel y Freddie Brown, que pensaban que la mejor manera de vencerlo era acosándolo desde el principio.

—¡No lo dejes hacer nada! —me repetían una y otra vez en el entrenamiento—. Arrincónalo contra las cuerdas como hiciste con Buchanan. —Lo que me permitiría utilizar mi contragolpe con eficacia.

Al comienzo del primer asalto, Leonard salió desprevenido, pensando que podría boxear e intercambiar golpes conmigo, pero rápidamente se dio cuenta de que yo era demasiado para él. Arcel quería que empezara lentamente, le diera cinco duros asaltos y luego desgastara a Leonard, porque consideraba que una pelea más larga me favorecería. Hubo un montón de amagues en esos primeros asaltos, cada uno tratando de medir al otro. Al mismo tiempo, fui agresivo, atacándolo a veces porque eso es lo que siempre me había funcionado mejor. Estaba ahí para pelear, no para bailar, y me funcionó esta vez porque en el segundo asalto lo hice tambalear con un gancho de izquierda. Lo puse contra las cuerdas y él me agarró para salvarse a sí mismo; la multitud se volvió loca: el ídolo estadounidense ya se tambaleaba y apenas habíamos comenzado. Le di un par de golpes más y él siguió agarrado a mí hasta el final del asalto, lo cual me convino porque pude concentrarme en golpearlo y agotarlo.

—¿Leonard y Dundee cometieron un error? —le preguntó uno de los comentaristas a Ferdie Pacheco.

—Sólo cometieron un error —respondió Pacheco—: aceptar esta pelea.

Volví en el tercero y golpeé fuertemente a Leonard contra las cuerdas.

—Está recibiendo unos golpes al cuerpo que van a matarlo después —afirmó Pacheco. En el cuarto asalto, otro derechazo lo mandó contra las cuerdas, y Leonard volvió a abrazarme. Al final de ese asalto, los comentaristas le preguntaron al expeso wélter Wilfred Benítez quién iba a ganar.

—Durán no va a ganar —contestó Benítez—. Leonard va a noquearlo en los dos próximos asaltos. Es una pelea pareja.

La esposa de Leonard no lo veía de esa manera. Al final del asalto lloraba.

Yo seguí apoyado en Leonard, golpeándolo. Le hice un corte en el ojo derecho; lo frustré. Cuando volví a mi esquina, Arcel me gritó:

—Mantenlo contra las cuerdas. —La pelea continuó y oí que la gente gritaba «¡Arriba, Cholo!». Lo tenía y lo sabía. El octavo asalto fue más de lo mismo. Para entonces, la esposa de Leonard se había desmayado, nada sorprendente ya que a su marido le estaban sacando el alma a golpes.

—Lo que Sugar Ray ha soportado en su cuerpo habría acabado con un peso pesado —exclamó Pacheco en el decimosegundo asalto, que fue salvaje, con los dos intercambiando puñetazos. Cuando sonó la campana, me senté en mi esquina y le dije a Arcel:

—Sé que gané. Sé que gané.

—Pero, Cholo, tienes que luchar dos asaltos más.

—Está bien, papá. Está bien.

Antes del inicio del siguiente asalto, me levanté de mi banco e hice señas a Leonard para que se acercara a recibir otra dosis de castigo. En el decimoquinto asalto, ya no quería más. Cuando tocamos guantes, le dije:

—¡Vete a la mierda! —Y luego continué castigándolo y jugando con él, mientras esquivaba sus golpes. En el segundo final, me golpeé la barbilla con mi guante derecho, burlándome de él, porque él sabía tan bien como yo que la pelea era mía.

El anuncio de la decisión tomó un rato y fue una decisión por mayoría: 145-144, 146-144, y el juez de Italia nos dio un empate en 147-147. Había ganado el título mundial de los pesos wélter del CMB. Salté loco de júbilo. Pacheco subió al ring para entrevistarme.

—Sabía que iba a ganarle —le dije—. Soy más hombre que él, puedo aguantar más golpes que él, soy un mejor boxeador. Él nunca me hizo daño, me golpeó duro, pero nunca me hizo daño. Soy muy fuerte.

Volví a referirme a Leonard como maricón, me cogí la entrepierna frente a Benítez y lo llamé huevón. Él era amigo de Leonard y se me había metido en la cabeza que había estado espiándome durante el entrenamiento e informando a Leonard, aunque nunca pude comprobarlo. En la conferencia de prensa después de la pelea, me llamó:

—¡Roberto! ¡Roberto! ¡Quiero vérmelas contigo! —Otro payaso, ya me encargaría de él. Pero justo en ese momento no me importaba: el camerino estaba lleno de personas gritando

«¡Manos de Piedra!... ¡Manos de Piedra!». Don King, como de costumbre, me dio un bono de 1000 dólares en efectivo. Acababa de ganarle a Leonard, y Benítez tendría que esperar su turno.

Leonard salió de allí con mucho más dinero, pero también con mucho más dolor. Declaró que pelear conmigo era lo más parecido a la muerte que un hombre podría resistir, que nunca había sentido tanto dolor por tantos golpes. Golpeé tan duro sus dientes que tenía que ponerlos en su lugar al final de cada asalto. Un médico tuvo que entrar en su camerino después y drenar la sangre de sus orejas con una aguja hipodérmica para que no quedara con orejas de coliflor. Dijo que estaba pensando en retirarse porque no necesitaba este tipo de mierda. Tal vez Frazier tenía razón: no sabía quién era el tal Charles Manson, pero parecía que a ambos nos apasionaba infligir dolor.

Yo gané porque hice que Leonard peleara mi pelea. Se vio obligado a boxear improvisando, y así le hice aguantar grandes golpes. Pensó que estaba demostrando mucho valor al aguantar tantos. Tal vez, pero sobre todo, lo que estaba demostrando era la forma de perder.

—Uno nunca debe enfrentarse a la fortaleza del otro —afirmó Angelo Dundee—. Uno debe desequilibrarlo, y Leonard no lo hizo. Quiso ser más fuerte que el tipo. Durán era Durán y Ray iba con él. —Dundee estaba en lo cierto. Yo era el combatiente más fuerte, física y mentalmente. Ahora todo el mundo sabía que Cholo era campeón del mundo.

Incluso los estadounidenses sabían que su ídolo había

sido gravemente golpeado. William Nack escribió en *Sports Illustrated*:

> El panameño se tomó la noche y le dio la forma y el impulso que tuvo. Asumió el control, atacando y arrinconando a Leonard contra las cuerdas, haciéndolo retroceder, dándole con izquierdas y derechas al cuerpo mientras empujaba al campeón contra las cuerdas de una esquina a otra. Siempre avanzando, acometió y sometió a Leonard, anotando con derechazos y ganchos. Durante tres asaltos, Durán atacó a Sugar Ray con furia, y hubo momentos en que pareció que la pelea no podía durar cinco asaltos. Incapaz de alejarse, incapaz de contrarrestar y de deslizarse para abrir el ring, Leonard parecía casi indefenso ante el ataque. Una que otra vez logró soltarse y contraatacar —izquierda-derecha-izquierda a la inquieta cabeza de Durán—, pero falló golpes y no logró acortar la distancia, no pudo lanzar jabs, no pudo montar una ofensiva para mantener a raya a Durán.

—Reconozco que me intimidó —diría Leonard años más tarde—. Él sabía exactamente qué decir y cómo decirlo. Me desequilibró. Les aseguro que me desequilibró.

—Mucha gente pensó que no podría hacerlo —le dije a William Nack unas semanas después de la pelea—, pero lo hice. Mucha gente creía que era demasiado viejo para ganar, pero no fue así. Muchos dijeron que no podría vencer a Sugar Ray Leonard. Antes de la pelea me pregunté: ¿por qué no puedo ganarle? ¿Acaso es un fantasma y no puedo ganarle? Tal vez pensaron que yo me iba a parar en el ring a dejar que me golpeara, como si tuviera las manos atadas. Esa habría sido la única manera en que él habría podido vencerme. Tendría que haber estado atado a un árbol, con las manos detrás de la espalda, tendría que haberme destrozado mil veces. Él era fuerte, pero no me hizo daño. Mi rabia era muy grande. Cuando llego al ring a pelear, siempre doy lo mejor de mí.

Como publicidad, la pelea fue un éxito, incluso sin contar con la tecnología de circuito cerrado que hoy sería infaltable. Produjo un montón de dinero, estableciendo un récord en aquel entonces como la pelea más taquillera de todos los tiempos. También fue realmente la primera «superpelea» entre boxeadores en una división de peso bajo, tras una década o más en que el boxeo se centraba en los pesos pesados. Ya no se trataba de Muhammad Ali y Joe Frazier, y los otros pesos pesados que recibían toda la atención y todo el dinero. Ahora Leonard, Thomas Hearns, Aaron Pryor, Marvin Hagler, Alexis Argüello y yo recibiríamos lo que merecíamos. Y aunque la gente hablaba de los otros, sobre quien más hablaban era de mí, Durán. Ahora todo el mundo sabía que el Cholo era campeón del mundo; me estaban comparando con los grandes como Sugar Ray Robinson, Joe Louis y Henry Armstrong. Nunca había perdido una pelea por el título: una victoria como peso wélter, trece victorias como peso ligero y doce nocauts. Nunca nadie me había ganado un título; había tenido que dejar uno de ellos porque no podía llegar al peso. Ahora era el tercer hombre en la historia del boxeo en ganar los títulos de peso wélter y ligero: Henry Armstrong, Barney Ross y Roberto Durán. Era la mayor victoria de mi carrera. Había trabajado como un burro y ahora estaba en la cima del mundo y con ganas de ir de fiesta. Pero no iba a hacerlo solo. Quería compartir mi éxito, la gloria de Panamá.

Para Leonard las cosas eran totalmente diferentes. Yo lo había aplastado, física y emocionalmente, y estaba listo para retirarse. Se fue con su esposa a Hawái para alejarse de todo, pero cada vez que salía a correr por la playa, a las cien yardas la gente se acercaba a preguntarle: «¿Cuándo vas a pelear contra Durán otra vez?», y «¿Qué te *pasó* en esa pelea?», o «Ray, podrías haber ganado si hubieras peleado tu pelea». Cada día que pasaba en esa playa enfurecía más. Al quinto día pidió a su mánager que organizara la revancha, inmediatamente. Mientras tanto, yo estaba en mi quinto día de fiesta. Cerveza, whisky, mujeres. Y habría muchos días más de fiesta en el futuro.

CINCO

NO MÁS

ARÍSTIDES Royo Sánchez podía ser presidente de Panamá, pero yo era el Rey. Royo Sánchez quería que regresara a casa enseguida para unirme a las celebraciones que ya estaban en marcha, así que envió un avión a recogerme. Las calles de Panamá se habían vaciado horas antes de la pelea —desde alrededor de las cinco de la tarde, según me dijeron— y, cuando vencí a Leonard, todos corrieron a ellas, saltando en sus automóviles y haciendo sonar las bocinas. Todo el país era un carnaval. Mis amigos y familiares celebraron toda la noche. Walla, mi león, era el único que no estaba emocionado: durmió todo el tiempo como si nada.

Pero yo tenía otros planes.

—No comas mierda Durán, vamos a Nueva York —me dijo Víctor del Corral. Royo Sánchez fue insistente: quería que mi victoria lo hiciera ver bien. Había un coronel que se estaba cagando en los pantalones porque yo me negaba a volver con él en ese avión:

—No voy regresar a Panamá sin ti —exclamó—. No voy a perder mi trabajo por tu culpa.

Me tenían sin cuidado sus problemas.

—Lo siento —respondí—. No le pedí a nadie que me mandara un avión.

Y nos marchamos a Nueva York. Ya no era aquel niño al que aterrorizaba la posibilidad de que el avión tocara los rascacielos. Conocía bien la ciudad y, mejor aún, los latinos me amaban. No sólo los panameños, también los cubanos, los puertorriqueños, los mexicanos. Había vencido a Leonard, y los puertorriqueños estaban felices porque Leonard era el tipo que había zurrado a Wilfred Benítez en 1979.

Estaba disfrutando mucho y Fula también. Fue a la tienda Louis Vuitton y la cerraron para que pudiera hacer sus compras. Debió gastar como 50 000 dólares en maletas y ropa. Ella es como yo: le encanta la joyería ostentosa y las cosas que producen destellos. Todavía tiene todas esas cosas de Louis Vuitton: las maletas, la bolsa de entrenamiento donde yo metía mi pasaporte, los guantes de boxeo y otros accesorios.

Víctor había organizado para mí una gran celebración en su restaurante la noche de sábado. Bajé antes al bar del hotel a tomar una copa y pude ver que había cientos de personas afuera. Bebí mi trago, pensando en la locura que era todo esto, y cuando Víctor apareció me dijo:

—Tienes que irte en una limusina. —Salimos por la parte posterior para evitar a todas esas personas que querían quedarse con un pedazo de mí.

Había un gran pastel con las palabras DURÁN CHAMPION.

Firmé autógrafos para todos, aunque mi mano derecha aún estaba vendada por la pelea. Creo que aún no había entendido plenamente qué tan importante era esa victoria. Adonde quiera que fuéramos, durante días después de ella, la gente se acercaba a estrecharme la mano.

El lunes 23 de junio, tres días después de la pelea, finalmente acepté volar a Panamá con el coronel en el avión presidencial. Había estado de fiesta todo el tiempo en Nueva York, y ahora estaba listo para regresar y seguir parrandeando. El presidente declaró un día de fiesta nacional en mi honor —el «Día Roberto Durán»— y casi dos millones de mis compatriotas querían celebrar.

—El tuyo es un triunfo a nivel nacional —dijo—, y también una victoria para el pueblo panameño. —Cuando el avión hizo su aproximación final, miré hacia abajo y pude ver a la multitud que gritaba y saltaba. Sabían que venía a celebrar en casa.

Mi familia pronto entendió lo que yo representaba para el pueblo panameño. Salieron a recogerme en el aeropuerto, pero había tanta gente en las calles que era imposible pasar. La prensa calculó que unas 200 000 personas se habían reunido en el aeropuerto, tantas como las que celebraron en el otoño cuando Estados Unidos entregó a Panamá la zona del Canal, si no más.

El avión dio una última vuelta sobre la bahía de Panamá antes de aterrizar. El mar de aficionados se precipitó hacia el avión y yo descendí señalando el cinturón atado alrededor de mi cintura.

—Esto no me pertenece a mí —les dije—: ¡Pertenece a ustedes, mi pueblo, la gente a la que amo, los que me apoyaron! —¡Se volvieron locos!

La multitud siguió nuestra limusina a todo lo largo de la ruta del desfile, que nos llevó desde el aeropuerto a una plaza frente al palacio presidencial. Por alguna razón no hubo ninguna reina del carnaval ese año, así es que me coronaron rey del carnaval. La carroza en la que íbamos tenía la forma de un anillo y me rodeaban otros boxeadores panameños y excampeones como Alfonso Frazer y Ernesto Marcel, como si fueran mi corte.

Sentí que la fiesta duraba semanas. Todo el mundo me amaba, pero también comprendí que tenía un montón de amigos en las buenas, personas a las que les encantaba rodearme durante los buenos tiempos, pero que desaparecerían una vez terminara la fiesta. Sin embargo, Víctor del Corral no era uno de ellos y, aunque Panamá era mi patria, me sentía más en casa en Nueva York con Víctor, en su restaurante, comiendo un filete cortado por él mismo. En el menú había un filete que llevaba mi nombre. Así que decidí abandonar Panamá otra vez e ir directamente a Victor's Café.

Había pasado un mes desde la pelea y nos dedicamos a beber, cenar y parrandear con un montón de gente. Yo andaba con mis amigos malvivientes que nunca tenían dinero y con los millonarios. Noche tras noche nos enfiestábamos, hasta que todo fue sólo confusión. ¡Llegué al punto de pesar casi 200 libras! Pero no me importaba, no había peleas de qué preocuparme.

De regreso en Panamá necesitaba un descanso, pero la gente realmente hacía fila para entrar a mi casa, sus coches atascaban todas las calles del barrio y yo disfrutaba celebrando con ellos. No era sólo una fiesta: eran fiestas noche tras noche con 200 o 300 personas en mi casa. Regalaba dinero a todo el que pedía: a veces 5000 dólares en una hora.

Eleta parecía haber anticipado todo esto: sabía por experiencia que tras la pelea vendría la insensatez. Me dijo que estaba rodeado de brujas: había perdido el control y ahora las cosas se movían en mi contra. Hoy en día entiendo de qué hablaba.

He tenido un montón de manzanillos en mi vida. Esa es la palabra en la jerga panameña para las sanguijuelas de los ricos y famosos. Los estadounidenses los denominan séquito, en aquel entonces yo los llamaba mis amigos. Para mí era difícil decirles que no porque había a veces cinco o seis en mi círculo cercano, a veces muchos más. No recuerdo todos sus nombres, pero recuerdo a tipos como Ramos y Giovanni, que se la pasaban conmigo. También había buenos amigos como Wiwa, Chaparro y mis hermanos, especialmente Pototo, a quien nunca le podía negar nada.

Conocía a Wiwa y Chaparro de los viejos tiempos, cuando crecíamos en El Chorrillo. En los primeros tiempos Wiwa vendía lotería, pero cuando me hice famoso empecé a llevarlo a todas partes, especialmente a Estados Unidos, porque siempre era agradable tenerlo cerca. Cuando estás lejos de casa, es bueno tener a la familia cerca para recordarnos de dónde venimos. Wiwa iba a todas mis peleas, cocinaba para mí y salíamos a correr juntos, también con Pototo. En las tardes, después de entrenar, a todos nos gustaba jugar dominó y escuchar salsa. Uno cargaba mi bolsa de deporte, el otro mi estéreo. Había un tipo que lavaba mi ropa y uno encargado de la seguridad. Había un chico para jugar dominó conmigo y otro para cocinar. También había otro tipo allí para secarme. A veces peleaban entre ellos para estar más cerca de mí y todo el tiempo me pedían: «Consígueme esto» o «Dame 100 dólares».

—Ten —les decía, pero entonces uno de ellos desaparecía o intentaba robar mi coche, y tenía que encontrar todavía otro manzanillo para que lo recuperara.

Por supuesto, yo les daba todo el dinero y pagaba su comida y hoteles. No hacía muchas preguntas, a pesar de que sabía que estaban solamente aprovechando las buenas épocas. En muchos sentidos, yo también los necesitaba: cuando estaba lejos, eran las únicas personas con las que podía conversar en mi propio idioma, aparte de Víctor. Supongo que la gente esperaba que yo, un pelao de las calles, fuera un poco más astuto. Pero yo no lo veía de esa manera. Tenía dinero, eran mis amigos y me alegraba ayudarlos.

Tal vez confío demasiado en las personas. Siempre veo buenas intenciones, nunca las malas. Y la verdad, ¡la pasamos muy bien! En las peleas no me rodeaban sólo los manzanillos, eran todos los vecinos de mi barrio de El Cangrejo. ¡Todos los de El Chorrillo, todos en Panamá! Mi casa siempre estaba llena, llena a reventar; en ocasiones teníamos que poner seguridad en la puerta para evitar que siguieran entrando.

Ahora la gente hacía fila frente a mi puerta para pedir dinero: dinero para el alquiler, la universidad, las facturas de hospital, para vestir a sus hijos y comprarles juguetes. Y yo se los daba; probablemente me deshice en esa forma de decenas de miles de dólares, quizás tanto como 10 000 en un solo día. Cualquier cosa para ayudar a los pobres, para ayudar al pueblo de Panamá. Fula me pedía que dejara de hacerlo, porque si me quedaba sin dinero no habría nada para mi familia, pero yo no podía. Siempre he sido así, si tengo dinero me gusta regalarlo. Si no tengo, bueno, encontraré la manera de conseguirlo. Yo no soy filósofo, pero creo que si eres una buena persona y amas a los demás, el mundo te querrá. Pero si eres un estúpido, serás un estúpido toda la vida y la gente sólo te odiará. Y cuando mueras, los únicos que asistirán a tu funeral serán los miembros de tu familia. Yo estaba enamorado de Panamá y Panamá estaba enamorada de mí. Era el héroe de Panamá y estaba feliz de desempeñar ese papel. ¿Por qué no? Me lo merecía. El Cholo era *el campeón del mundo* e iba a disfrutar de cada minuto.

Al menos eso era lo que pensaba, hasta que en septiembre, cuando estaba nuevamente de parranda en Nueva York, recibí una llamada de Eleta.

—Cholo, te necesitamos en Panamá, porque firmamos la revancha.

—No te preocupes, volveré pronto.

—No, tienes que volver ya, tienes un mes para prepararte. Firmamos una revancha con Leonard por el título de peso wélter del CMB.

—¿Estás loco? ¡Peso casi 200 libras! ¡No puedo bajar tanto de peso en un mes!

Leonard y su mánager, Mike Trainer, estaban desesperados por tenerme nuevamente en el ring, y Eleta y Don King no tuvieron problema en colocarme en una posición imposible: no tenían ni idea de cuánto había estado divirtiéndome. King tenía el control ahora; había puesto como condición de la revancha que Bob Arum no estuviera involucrado, porque ahora yo era el campeón y él no era mi promotor. Eleta me dijo que le había pedido a King posponer la pelea, pero King dijo que no: había demasiado dinero en juego. Me garantizaban ocho millones, pero sólo si enfrentaba a Leonard en Nueva Orleans en noviembre.

Yo ni siquiera sabía que Leonard tenía intenciones de volver a pelear, pues lo último que había oído era que se había ido a Hawái hablando de retirarse. Ciertamente nunca pensé que pelearía contra él otra vez y mucho menos tan pronto. Como mínimo, pensé que tendría tiempo para ponerme en forma. Se había hablado de una pelea contra el ganador del encuentro entre Thomas Hearns y José «Pipino» Cuevas, pero eso no había sucedido. Para mí habría tenido mucho más sentido tener otra pelea antes de enfrentarme nuevamente a Leonard: una pelea de diez asaltos, sin título, pero no iba a ser así porque todos querían enriquecerse rápidamente.

Tan pronto recibí la llamada de Eleta, abandonamos Nueva York, pero en Panamá seguí parrandeando; gran error. Eleta consiguió un médico que me inyectara diuréticos para ayudarme a bajar de peso. No fue muy útil; de hecho, me agotó y debilitó tanto que el entrenamiento se me hizo aún más difícil.

Nunca me he sentido tan mal como entonces. Fue horrible, toda la autodisciplina que había tenido me abandonó después de vencer a Leonard.

—He conseguido dos títulos mundiales —me dije—. Tengo dinero, tengo fama... sólo quiero descansar.

Les sucede a todos los atletas. Se puede ser grande durante cinco, seis, siete, diez años, y luego caes. Los boxeadores no son la excepción, y para un boxeador latino es aún peor: nos gusta comer, tomar trago y pasarla bien, pero el entrenamiento no es más que trabajo duro, todo el tiempo: disciplina constante.

La gente no entiende lo que se necesita para convertirse en campeón de boxeo. Tienes que quebrarte el culo cada día, cada semana, durante meses y, luego, levantarte a la mañana siguiente y hacerlo todo de nuevo. ¿Sabes lo que es entrenar durante dos o tres *meses*? ¡Te vuelves loco! Es lo más difícil que harás en la vida. Así que me había quebrado el culo entrenando: ahora era el momento de ir a la discoteca, ¡empezar la jodienda, coño! ¡Me lo merecía! Y después de la pelea contra Leonard eso se convirtió en norma para mí.

Mientras tanto, Leonard quería venganza. Había escuchado hablar de mi peso y todos los festejos, así que quería meterme en el ring lo más pronto posible. Buscó nuevos compañeros de sparring: combatientes desagradables. Y, a diferencia de mí, redujo sus manzanillos, que admitió habían sido una distracción importante en la primera pelea. Había tenido treinta personas, tal vez más, *a diario*, y además se quejaban de todo tipo de mierdas mezquinas. Le avisaban que un tipo no había pagado su cuenta. Otro estaba vendiendo camisetas en el hotel a pesar de que se les habían dado las habitaciones gratis. Era insultante.

Pero yo no hice eso con mis manzanillos. Quería que las cosas fueran exactamente iguales que en la primera pelea.

—Esta vez lo voy a matar —le aseguré a los reporteros. Me referí a Leonard como un payaso. Cuando lo veía le hacía pistola, al igual que en los viejos tiempos—. Para vencerme —dije—, tienes que venir y pelear conmigo. Él sube al ring y trata de imitar a Ali, pero un imitador es un perdedor.

Sin embargo, estaba claro que esta vez Leonard no se iba a dejar intimidar por mí. Estaba jugando sus propios juegos psicológicos. Se estaba convirtiendo en un patán: más como yo.

Hubo un breve momento de tregua. Al principio, 7UP propuso ponernos juntos con nuestros hijos en un comercial. Chavo y Ray Junior se abrazaban, cada uno sosteniendo una lata de 7UP, mientras nosotros nos enfrentábamos en el gimnasio en ropa de calle. Luego los chicos nos ofrecían a cada uno una lata de 7UP, y nosotros los mirábamos y sonreíamos.

Leonard estaba nervioso, pensando que yo haría alguna locura. Si me portaba mal, les advirtió, se largaría. Pero amo a los niños, abracé a su hijo y lo besé. Fue un raro momento de bondad entre nosotros y sería el último en mucho tiempo.

Yo sabía que iba a ser una pelea difícil por mi condición física. ¡Perder cincuenta libras de peso en un mes! ¡Puta! Un bebé podría haberme golpeado y lo habría sentido como si fuera un peso pesado, así de mermado estaba. Terminaba el entrenamiento agotado. Me sentí descompuesto desde el día en que empecé el entrenamiento y permanecí así hasta el día de la pelea. Unos días antes vi a Leonard corriendo fuera del Superdome y le dije a Plomo:

—Este tipo se me va a escapar.

Arcel intentó mantenerme animado y le dijo a la prensa que le recordaba a Rocky Marciano.

—Él te desgarra y despedaza. Puede errar un golpe, pero finalmente te agarra. Trabajé con Joe Louis catorce veces y, antes de cada una de sus peleas, uno podía mirar al otro lado del cuadrilátero y ver a su oponente desfallecer y quedar hecho añicos. Créeme, Leonard va a entrar allí la noche del martes con algún temor en su corazón. Es un buen boxeador, pero sabe que Durán lo tiene. Espera y verás.

Todavía había mala sangre entre nosotros, aunque esta vez Leonard estaba hablando bien de mí. El día de la pelea tuvo una entrevista con Larry Holmes en la que dijo que la primera vez pensaba que yo era puro bombo publicitario, pero ahora sabía que era de verdad.

—No me gusta —le dijo a Holmes—. Y yo definitivamente no le gusto a él. Y la razón por la que no me gusta es que se irrespeta a sí mismo y al público, y creo que siendo campeón uno debe tener clase, y él no tiene ninguna clase.

Leonard tenía razón en una cosa: el desagrado era mutuo.

Era la clase de individuo que, si se mudaba a mi barrio, yo me mudaría a otro. Pero en el fondo estaba preocupado. No me estaba sintiendo bien. Pasaba casi todos los días en la sauna. Pasé dos días sin comer. Cuando al fin me pesé, estaba en ciento cuarenta y seis, ¡había perdido casi cincuenta libras de peso! Pero eso tenía un costo: estaba demasiado débil. No sentía las piernas. No quedaba ni rastro del boxeador que había sido pocos meses antes.

En los días previos a la pelea tuvimos que lidiar con algunas chorradas del entrenador de Leonard, Angelo Dundee, quien resolvió que mi barba era demasiado gruesa y quería que me la recortara. Leonard se presentó a un entrenamiento con una larga barba falsa y una caperuza de punto, pretendiendo ser yo. Después de su entrenamiento, tomó el micrófono y dijo:

—*Me no like Roberto Durán. I keel him. Be there.* —¡Qué comemierda!

Y luego, después del pesaje al mediodía del día de la pelea, me comí dos gruesos filetes de solomillo y un jugo de naranja en el restaurante del Hyatt Regency, algo que había hecho un par de veces antes para recuperar energía. Tomé un café muy caliente y luego una taza de agua fría. ¡Chuleta! ¡Maldita sea! En ese momento comenzó el dolor de estómago.

—Gorda, me duele el estómago —le dije a Fula alrededor de las seis—. No me siento muy bien. Ella me dio unas pastillas para el estómago. Pero cuando me estaban vendando las manos, yo seguía haciendo muecas y a Fula no le gustó la situación.

Eleta había visto a Leonard, junto con sus entrenadores, mover en el ring y aflojar las cuerdas, que era un viejo truco utilizado para mantener a un oponente en su lugar. Angelo Dundee había hecho lo mismo para el «Rugido de la Selva», permitiendo a Muhammad Ali inclinarse hacia atrás contra las cuerdas para absorber la fuerza de los golpes lanzados por George Foreman.

—Ten cuidado, que no te ponga contra las cuerdas —me advirtió Eleta. Estaban haciendo todo lo posible para hacerme perder.

Terminaron de vendarme y nos dirigimos al cuadrilátero. Tenía un grupo grande conmigo, como de treinta y seis personas, entre ellas un montón de manzanillos, a algunos de los cuales apenas reconocí, todos vistiendo sudadera y agitando banderitas panameñas. Leonard tenía menos gente, pero tenía a Ray Charles para cantar «America the Beautiful» antes de la pelea. Leonard era un gran fanático suyo y había sido bautizado con su nombre; había pedido específicamente que fuera él, a cualquier costo. Después de cantar ante unas 20 000 personas, Ray Charles le susurró al oído:

—¡Patéale el culo!

Años más tarde, Leonard diría que me había mirado a los ojos mientras Charles cantaba y supo que iba a ser una buena noche. Pensó que ya me había intimidado, pero ni él ni el tipo ciego que cantó la canción me intimidaban. Simplemente no me sentía muy bien y mis problemas de estómago estaban empeorando. Lo que quiera que haya visto en mis ojos, no tenía nada que ver con él.

Mi récord al subir al ring esa noche era 72–1, con 56 no-cauts. Leonard tenía sus 27 victorias, seguro, pero su única derrota fue ante mí. Yo era el mejor hombre, el mejor boxea-dor, la historia ya lo decía. No necesitaba a Eleta o nadie para que me lo recordaran y ahora comencé a sentirme mejor acerca de la situación y a pensar que aún podía ganar.

Cuando la campana sonó, Leonard comenzó a dar brin-cos, a bailar desde el principio. Se trataba de un Leonard di-ferente al de la primera pelea: esta vez boxeaba, no improvisaba como antes. Había hecho sus deberes. Al final del asalto me aterrizó un derechazo, pero no me hizo daño y yo sólo son-reí. Aun así, ya me sentía débil: no había forma de que aguan-tara quince asaltos o tuviera la fuerza para derribarlo. Iba a tener que encontrar otra manera de manejar la pelea.

Leonard continuó bailando durante un par de asaltos, pero en el tercero por fin lo arrinconé en la esquina y le di unos buenos golpes. Sonrió, pero sabía que lo había lasti-mado. ¿Tal vez podría acabarlo temprano, a pesar de mis pro-blemas? Puedo hacerlo, me dije. En el cuarto seguía tratando de pelear a corta distancia, pero me evitaba. Yo no dejaba de golpear, intentando llegar a su cuerpo. Contra el flujo de la pelea, derribé a Leonard en el quinto, pero lo contaron como un resbalón. Lo volví a tener en mis manos al final del asalto cuando estuvo contra las cuerdas. Fue mi mejor asalto, sin duda, pero había gastado demasiadas energías. Durante el sexto Leonard volvió a bailar, y en el séptimo comenzó a ac-tuar como un payaso, moviendo la cabeza hacia adelante y hacia atrás, burlándose de mí y haciendo el «Ali Shuffle»: el juego de pies de Ali. Le hice señas para que se acercara a pelear conmigo, pero él siguió bailando. Eso no es boxear.

Leonard diría más tarde que nada de eso fue planeado: hacía todas esas cosas improvisando, hasta que notó que estaba logrando frustrarme. Por supuesto que estaba frustrado, porque quería boxear, no bailar salsa con ese payaso.

En el octavo tuvimos un intercambio contra las cuerdas, pero para entonces yo ya había tenido suficiente. No iba a ser mi noche. Mis brazos estaban débiles, mi cuerpo estaba débil. No podía moverme, no podía respirar bien. Retrocedí y agité la mano derecha. Leonard me golpeó unas cuantas veces, pero yo seguí indicándole al árbitro que no quería pelear más.

—¿Qué está sucediendo? —exclamó Les Keiter, el comentarista de televisión—. Durán dice que no. Creo que está renunciando. Larry, ¿qué está diciendo? —preguntó a Larry Holmes, quien era uno de los comentaristas junto con Don King.

—¡Renunció! —gritó Keiter—. ¡Creo que Durán renunció!... dijo «No más» y luego lo repitió.

—No entiendo —decía Holmes una y otra vez.

Y Howard Cosell, que narraba la pelea para ABC, gritaba:

—¿Qué? ¡Roberto renunció! ¡Roberto Durán renunció! ¡No puede haber ninguna otra explicación! ¡Pandemonio en el ring y Roberto Durán ha renunciado!

Nunca dije «No más», esa es la verdad. Simplemente le di la espalda y le indiqué al árbitro que no quería continuar. Howard Cosell se inventó esa basura porque yo no le gustaba. Cuando el árbitro me preguntó qué estaba haciendo, lo único que dije fue «No sigo», no podía, no podía seguir peleando. No era mi noche. Me sentía como una mierda, pero nunca dije «No más».

Fue un nocaut técnico después del minuto 2:44 del octavo asalto, oficialmente. Leonard llevaba la delantera en los puntajes de los jueces, pero no por mucho: dos puntos con un juez y un punto con los otros dos, pero sólo me ganó por las circunstancias. Yo sabía que era mil veces mejor hombre, que si hubiera entrenado correctamente, si no me hubiera comido esos dos filetes, lo habría vencido otra vez. No tenía que respetarlo.

Yo había sido el primer campeón en entregar voluntariamente un título desde que Sonny Liston lo hiciera en 1964 contra Cassius Clay, y esa noche también hubo controversia. Liston había sido el favorito por diez a uno, pero regresó a su banco después del sexto, escupió su protector bucal y se rindió. Se había rasgado un músculo en el hombro izquierdo y no podía pelear más. Un médico lo confirmó, pero aún hoy la gente piensa que la pelea estaba arreglada.

Esa noche en Nueva Orleans también hubo una gran conmoción acerca de si la pelea había sido arreglada. Pero primero, hubo una conmoción en el ring. Nadie sabía qué diablos estaba sucediendo. En la primera fila, la prensa seguía tratando de averiguar algo porque no podían creer que yo me rindiera. El hermano de Leonard subió al ring y amenazó pelear conmigo; luego la policía subió al cuadrilátero, cosa que realmente no ayudó a resolver la situación. En medio de todo eso, Leonard se acercó y me abrazó, pero yo no quería tener nada que ver con él. Estaba pensando «Yo gané una, él ganó una, ahora tiene que darme la revancha». Así que le volví la espalda. Estaba cabreado, frustrado, fuera de forma, sabía que no podía ser mi noche. Toda la noche descendió al caos.

Por desgracia, eso fue sólo el comienzo.

Después, en la conferencia de prensa, las cosas empezaron a ir mal muy rápidamente. Afirmé que había tenido calambres, que no estaba al 100 por ciento física ni mentalmente. Leonard puede haber vencido a una leyenda, continué, pero no lo había hecho boxeando sino tratando de avergonzarme: sacándome la lengua y actuando como una niña, como un payaso y, entre más lo hacía, más reían los aficionados. Así que me dije:

—Mierda, no juego más. No juego más. —Diablos, mi mente estaba bastante confundida también con respecto al futuro. Les dije a los reporteros que me iba a retirar—: He estado boxeando durante mucho tiempo. Estoy cansado de este deporte. No quiero pelear más. —Era la frustración, porque me hacían preguntas que no quería responder en ese momento.

Soy un hombre orgulloso, pero también impulsivo. A veces tomo una mala decisión y a su debido tiempo caigo en cuenta y pienso «Uy, mierda». Este fue uno de esos momentos: el momento de «Uy, mierda» más grande de mi vida, pero ya era demasiado tarde. Había permitido que mis emociones me derrotaran. No sabía que el mundo reaccionaría de la manera en que lo hizo, y no sabía que me tratarían como una mierda por tanto tiempo. Lo lamento ahora, sin duda, pero entonces no sabía que esa noche me atormentaría el resto de mi vida.

Sin embargo, todo esto estaba todavía por venir y, habiendo dicho «A la mierda», me enfiesté con mi familia y los manzanillos en mi suite en el Hyatt Regency, como siempre había hecho. En ese momento no me molestó demasiado: había sido una mala noche para mí, ¿y qué? Era sólo la segunda vez en mi carrera que esto me sucedía y la primera desde que de Jesús me venciera en 1972, y yo había vuelto para zurrarlo dos veces. Esto no sería diferente. Razoné que estábamos 1–1 con una revancha por venir, y entonces entrenaría bien y lo derrotaría; y además no iba a dejar que Eleta dictara las condiciones de la pelea. Todo lo que vi fue un gran día de pago y un montón de publicidad para una tercera pelea que definiría de una vez por todas quién era el mejor hombre en el ring. No iba a permitir que ese payaso me humillara otra vez.

Y obviamente no me iba a retirar; lo supe en el instante en que lo dije. ¿Qué carajos iba a hacer, sobre todo con el dinero que podría ganar como un pelao que abandonó la escuela en tercer grado? No iba a volver a El Chorrillo a vender periódicos o bailar en las calles como Chaflán. Soy Durán. Iba a volver al ring y a patearle el culo a alguien. Al menos, eso era lo que pensaba.

Mi médico personal, el Dr. Orlando Núñez, ya me había hecho exámenes y confirmó mis calambres en el estómago.

Pero todo el mundo hablaba del «No más». Se inició entonces y duró años. Incluso ahora, treinta y seis años más tarde, la gente todavía me sale con esa mierda del «No más». Al carajo el «No más». Estoy harto de oírlo, como si mi carrera hubiera sido una sola pelea. ¿Y todas las peleas que gané? ¿Y todas las personas a las que noqueé? Ese es mi legado, tanto como lo que sucedió esa noche. La gente olvidó todo eso rápidamente, especialmente los tipos que permanecían a mi alrededor cuando los tiempos eran buenos. Cuando la mierda cayó, todos corrieron.

Tomé una decisión impulsiva y se convirtió en una infamia en la historia del boxeo, con pésimas consecuencias para mí. Pero no podía devolver el tiempo y no estoy pidiendo disculpas. Sucedió y ahora quería seguir adelante. Obviamente, no todo el mundo estaba listo para eso.

Por la forma en que me trataron también podrían haberme lanzado por un precipicio. La comisión de boxeo del estado me impuso una multa de 7500 dólares y amenazó con quedarse mi bolsa de millón y medio de dólares. Pero no pudieron: ya había sido depositada en Panamá. Además, yo había salido jodido una vez, con la primera pelea en la que Leonard hizo un montón de dinero más que yo: cuando todo el dinero del pago-por-ver ingresó, él terminó con entre diez y trece millones. Yo sólo recibí por vencerlo millón y medio. Y ahora los escritores gringos tuvieron la desfachatez de decir que yo había tomado el dinero y había salido corriendo.

«Leonard no podría haber avergonzado más a Durán ni

siquiera si se hubiera acercado y le hubiera bajado la pantaloneta», escribió Ray Didinger. *Sports Illustrated* escribió que era «El gran dolor de barriga». Johnny Carson bromeó diciendo que había considerado invitarme a su programa para cantar «Los doce días de Navidad», pero había decidido no hacerlo porque «me temo que renuncie en el octavo día».

Lo peor es que no sólo los estadounidenses me estaban tratando como una mierda. Cuando bajé a desayunar a la mañana siguiente en la cafetería del hotel, todo el mundo a mi alrededor se esfumó, incluso los chicos en los que más confiaba. Ray Arcel estaba devastado por lo que yo había hecho; después de la conferencia de prensa, regresó a su habitación y se echó a llorar. Dijo que necesitaba un psicólogo, no un médico; él había manejado miles de boxeadores, me dijo, y ninguno de ellos había renunciado. No me lo dijo a la cara, pero me di cuenta de que él también había perdido la fe en mí.

Eleta ni siquiera me dejó dinero para el vuelo a casa. Nos abandonó como si fuéramos perros —a mi esposa embarazada también—. Un día era el mejor boxeador del planeta, el siguiente estaba sentado en la parte trasera de la furgoneta de un amigo, con Pototo y su esposa, Fula, Plomo y «Ratón», uno de mis compañeros de sparring, turnándonos al volante para conducir más de doce horas desde Nueva Orleans a Miami Beach, donde mi amigo pagó para que me quedara en el DiLido Hotel. Decidí que lo único que podía hacer era tratar de pasar desapercibido en Miami. Al menos allá me sentía como en casa. O eso pensé. Luego la mierda realmente empezó a llover.

A los pocos días, el Salón Mundial de la Fama del Boxeo revocó mi membresía honoraria.

—El Salón Mundial de la Fama del Boxeo es una organización dedicada al objetivo de reconocer y honrar públicamente a los mejores boxeadores profesionales en la historia y destacar sus carreras, incluyéndolos en un lugar de distinción permanente —dijo su presidente—. La acción de Roberto Durán ha manchado el buen nombre del boxeo y es una vergüenza para todos los excampeones ya instalados en el Salón de la Fama.

Pero mi mayor problema no era una organización que apenas conocía. Era mi propio país. Un país que me había respaldado sólidamente, ahora se volvía contra mí. Dijeron que me había vendido, que era un cobarde, que no tenía honor, que no deberían permitirme volver a pelear. Lanzaron piedras contra nuestra casa y me llamaron bastardo. La casa de mi madre fue vandalizada con un grafiti que decía DURÁN TRAIDOR. Y lo peor estaba por venir. Gallina. Maricón. Cobarde. Había enfrentado cosas bastante difíciles en mi vida, pero esto realmente puso a prueba mi fortaleza mental.

Chuleta, las cosas estaban patas arriba. No tenía ni idea de que este tipo de mierda me iba a suceder. ¿Dónde estaba el respeto?, le preguntaba a cualquiera que quisiera escucharme. ¿Dónde estaban todos aquellos que me amaban cuando ganaba todas las peleas? Chupasangres, llamamos a estas personas en Panamá, chupasangres. Pero me quedé callado porque sabía que en el fondo yo era el mismo hombre de siempre. Al mal tiempo, buena cara.

Cuando las cosas se calmaron, di una entrevista a una estación de radio panameña de Eleta, para dejar claro que no me iba a retirar sino a buscar la revancha contra Leonard. Pero aún no podía ir a casa —no con todo lo que estaba escuchando—, así que me quedé en Miami y volví al gimnasio, para demostrar a la gente que el verdadero Roberto Durán todavía estaba aquí. Pasamos ocho meses allí y agradecí mucho el apoyo leal de los cubanos en Miami.

Para mi familia no fue fácil. En la escuela, los niños se burlaban de Chavo. Él no estaba buscando pelea pero, si querían pelear, él no se iba a esconder. Me pueden llamar lo que quieran, puedo aguantarlo. Pero no se metan con mi familia. ¿Qué tienen que ver ellos? Si la gente quería pelea, deberían haberme buscado a mí.

Desde luego, para mí tampoco fue fácil. Cuando por fin regresé a Panamá, no salía jamás, no como en los viejos tiempos. Me quedaba encerrado para no tener que escuchar toda la mierda de la gente que venía a parrandear a mi casa cuando yo estaba ganando; la misma gente que empezaría a llorar si su esposa les diera un puñetazo en la cara. Pendejos.

Mientras tanto, tenía graves problemas económicos. Parte de los motivos para volver a Panamá fue tratar de cobrar el dinero de mis peleas, pero no había nada en el banco.

—¿Qué dinero? —exclamó Eleta—. Te lo gastaste todo.

¿Qué dinero? Recordé el pasado.

—Lo más que te he pedido han sido trescientos o cuatrocientos dólares aquí y allá. ¿Y los millones que he hecho?

—Has estado gastando más de diez mil dólares al mes.

No dije más. Estaba realmente molesto. Jamás me molesté en controlar mi dinero. Lo ganaba y se lo daba a mi esposa para que lo administrara. Jamás vi los contratos ni supe lo que estaba sucediendo. No sabía por cuánto peleaba: como ya dije, lo único que hacía era firmar. Mi trabajo era boxear y confiaba en Eleta, lo amaba como a un padre. Y entonces se volvió contra mí, me apuñaló en la espalda como un traidor, culpó de todo a las fiestas y los manzanillos. Dijo que Arcel era magnífico, y que Freddie Brown había hecho todo lo que había podido hacer. Brown me dijo que yo era un hombre difícil de lidiar y que no me volvería a entrenar salvo que cambiara completamente mi estilo de vida. Pensé que las cosas iban mal cuando estaba escondido en Miami, ¡pero la realidad resultó ser mucho peor!

Sin embargo, ¿qué se suponía que debía hacer? La única vez que los necesité, me obligaron a subir al ring demasiado pronto y ahora me culpaban por renunciar. ¿Qué se supone que debía hacer después de vencer a Leonard en la primera pelea? ¿Quedarme en casa, ir a la iglesia todos los días, ser célibe y abstemio? Ese no soy yo.

Treinta y seis años más tarde esa pelea todavía me molesta. Todavía no quiero ver esa mierda: uno puede ver algo cien veces y seguir viviéndolo como si fuera la primera vez. Recientemente, Juan Carlos Tapia, periodista panameño, reunió una historia de mis peleas en DVD y se la envió a mi hijo Robin. Robin lo puso y la pelea del «No más» apareció.

—¿Por qué está eso ahí? —comencé a gritar—. ¡Quita esa mierda de mi televisor!

Esos primeros meses después de la pelea fueron de los peores de mi vida. Aún tenía a la gente que me importaba: mi esposa, mis hijos, mi familia y amigos, pero el nombre de Durán ya no era oro en Panamá. Fue como si a todo el mundo le hubiera dado amnesia, y tuve que luchar como loco para recuperarme.

SEIS

CAMINO DE LA REDENCIÓN

LO IMPORTANTE NO ES cuántas veces te derriben, sino cuántas veces te levantes de nuevo.

Todos pensaban que yo estaba acabado, excepto yo. Obviamente Don King ya no me besaba el culo y me dijo que lo mejor que podía hacer por mí era conseguirme una pelea en agosto de 1981 contra el puertorriqueño Nino Gonzalez. Mi bolsa sería de 75 000 dólares libres de impuestos, cien veces menos que la última pelea contra Leonard: dinero de mierda, pero King no me dio mucha opción. González no era lo que quería, pero era necesario pasar por él para llegar a Wilfred Benítez y, finalmente, conseguir mi revancha contra Leonard. Me tenían sin cuidado González y cualquier otro tipo. Sólo me interesaba Leonard. De hecho, la prensa estadounidense no quería hablar sino de Leonard. Habían pasado ocho meses y él todavía no quería darme la revancha que me merecía. Tal vez deberían haberle preguntado por qué.

Arcel había desaparecido; dijo que no podría soportar verme pasar por todo eso una vez más, así que ahora tenía a

«Panama» Lewis en mi esquina, junto con Plomo, por supuesto, que habría caminado sobre fuego por mí. La pelea iba a ser en Cleveland y sería televisada en la tarde, unas cuatro horas antes del inicio del Juego de la Estrellas de las Grandes Ligas de Béisbol en la misma ciudad. Tenía que bajar a 154 libras, el límite de peso de los superwélter, y en julio estaba en 165, así que llegar al peso no iba a ser problema. No me iban a pillar otra vez.

Estaba decidido a volver a estar encima del mundo, aunque el verano había sido muy doloroso para mí. Junto con toda la mierda con la que tenía que lidiar, me afectó personalmente un evento con mucho mayor significado. El 31 de julio de 1981, un avión de la fuerza aérea panameña con el general Torrijos a bordo volaba con mal tiempo sobre el oeste de Panamá, perdió el control y cayó; el general murió. Fue duro para mí, porque teníamos mucha historia juntos y yo sentía que mucho de lo que había conseguido en mi vida se lo debía a su amistad. Visité su tumba y le hice una promesa:

—General, vine a rendirle homenaje. Le prometo una cosa: tan pronto tenga la oportunidad de pelear por el título, lo traeré a Panamá. Iré como un rival y saldré como campeón.

Un tiempo atrás, había peleado tres asaltos con González —entonces campeón de peso wélter de Nueva Jersey— en preparación para la pelea contra Leonard en Montreal. Él le dijo a los reporteros que mis ojos llameaban cuando peleamos, pero también les dijo que yo era un gran tipo fuera del ring. Lástima que no íbamos a estar fuera del ring. No me importaban él ni ningún puertorriqueño, y le iba a dar una lección que no olvidaría nunca. En la conferencia de prensa se enojó y me gritó que «un puertorriqueño podría caer, pero nunca renunciar».

Me iba a asegurar de que él cayera y esa noche fui fiel a mi palabra: lo castigué durante diez asaltos, con buenos golpes a la cabeza, y lo tuve varias veces contra las cuerdas. Podía sentir que estaba recuperando mi estado físico. Gané por decisión unánime. Lo que fue muy bueno fue ganarle sabiendo que todavía no estaba cien por ciento recuperado. Yo no había peleado en nueve meses y no había podido presionarlo mucho, pero mis reflejos y mis movimientos estaban bien. El resto vendría con el entrenamiento.

Una vez más, después de la pelea, las cosas no fueron claras: la Comisión de Boxeo de Cleveland falló que mi esquina había utilizado una sustancia ilegal durante los asaltos finales. Después de mucho discutir, decidieron que la sustancia no había afectado el resultado, así que mi victoria siguió en pie, aunque suspendieron a Panama Lewis, a Plomo y a Eleta por el resto del año.

Eso no me importaba: había ganado. Estaba contento con la forma en que había boxeado y convencido de que iba a ganar otro campeonato. Yo le estaba apuntando a Leonard y una revancha. Luego estaba Wilfred Benítez: el huevón, el tipo al que le había hecho pistola después de la primera pelea con Leonard. Todavía podía recordar la mirada que me lanzó. Ahora iba a ir por él.

La oportunidad llegó unos meses más tarde en Las Vegas:

el 30 de enero de 1982 me enfrentaría a Benítez por el título superwélter del CMB. Tenía suficiente tiempo para prepararme y ninguno de los apuros absurdos a los que me habían sometido la última vez. Arcel estaba nuevamente en mi esquina, trabajando con Panama Lewis. Había aceptado mi enfermedad de esa noche —me dijo— y ya no dudaba de mí. También él había pasado por un momento difícil: durante semanas después de la pelea apenas había dormido o comido, pero le había tomado su tiempo darse cuenta de que no era el único que sufría. Cuando al fin se sintió mejor, Arcel le había dicho a Eleta que lo llamara si yo alguna vez volvía a tener una gran pelea.

Aunque Arcel estaba de vuelta, Freddie Brown no. Tuvo una discusión con Eleta que nada tenía que ver conmigo, así que no hice preguntas. Pero Eleta también estaba nuevamente conmigo, así que era casi como en los viejos tiempos. Le había tomado algún tiempo, casi un año, volver a confiar en mí; su condición para regresar, me dijo, era que me deshiciera de todos los manzanillos.

Antes de su muerte, el general le había sugerido a Eleta que yo debía entrenar en Coiba, una isla del Pacífico a quince millas de la costa panameña. Estaba desierta a excepción de una cárcel con unos 350 reclusos; había tiburones en el mar. Eleta había arreglado el sitio de entrenamiento con algunos funcionarios prominentes del boxeo, y Don King había pagado alrededor de 25 000 dólares para que el gobierno de Panamá convirtiera uno de los edificios en un gimnasio. Yo había asumido que iría a Los Ángeles, lo cual me habría parecido perfecto. Sólo cuando me recibió un comandante del ejército en el aeropuerto, me dijeron que había habido un cambio de planes y un avión esperaba para llevarnos a Coiba.

—¿Están locos? —le dije a Eleta.

—No, será bueno para ti. Te cuidarán muy bien.

Para luchar como un peso superwélter tenía que bajar de peso y esta sería la novena vez en mi carrera que tenía que bajar de peso después de llegar al menos a 175 libras. Al menos la isla me ayudaría a ponerme en forma: no había nada que hacer aparte de dormir, correr, pelear y pescar. Era parte del gran plan de Eleta y Arcel. Me querían lejos de Miami y de las montañas Catskills; lo más lejos posible de cualquier distracción.

El problema era que los guardias me trataban como a un prisionero más. No me dejaban hacer llamadas por teléfono y, aunque dormía en un cuartel aparte de los reclusos, no dormía bien, lo que significaba que no entrenaba bien. Había traído un montón de bates y pelotas conmigo, pues necesitaba una distracción entre sesiones de entrenamiento y podría jugar sóftbol con los presos, pero los guardias se pusieron celosos y los maltrataban; no funcionó. Para colmo, la comida que Eleta había arreglado para mí y mis compañeros de entrenamiento, buena comida, preparada por un preso chino, ¡se la comían los guardias! Cuando abandoné la isla estaba traumatizado. En definitiva, habría sido mejor si hubiera ido a Los Ángeles, al menos eso fue lo que le dije a Eleta.

Llegué a Las Vegas una semana antes de la pelea y me alojé en un apartamento privado en lugar del Caesars Palace.

Eleta había sacado a la mayor parte de los manzanillos y Arcel aseguró que yo estaba en la mejor forma, física y mental, desde que había noqueado a de Jesús hacía cuatro años. Yo también lo pensé: estaba dispuesto a vencer a Benítez. Era mi primera pelea importante en una clase de mayor peso —152½ libras— y mi primera gran pelea desde que había perdido ante Leonard. Lo único que sabía era que necesitaba vencer a Benítez para tener otra oportunidad frente a Leonard. Me la estaba tomando como mi primera pelea. Tenía que ganar: así de simple.

Benítez era bueno, pero no tanto como yo. Estaba 42–1–1, era uno de los seis boxeadores de la historia que había sido campeón en tres divisiones, y había ganado su último título al británico Maurice Hope. Como yo, tenía una reputación de disfrutar demasiado de la vida y luego tener que romperse el culo para llegar al peso. Para esta pelea entrenó en Puerto Rico con su padre, Gregorio, que ahora estaba diciendo que yo era un boxeador sucio, que más parecía hacer kickboxing. Les preocupaba, dijeron, que yo usara vudú contra él. Qué mierda. Pero era joven; tenía veintitrés años, unos siete menos que yo. Yo era el perdedor esperado por nueve a cinco.

En la conferencia de prensa, el padre de Benítez dijo que habían entrenado para pelear a quince asaltos «en caso de que decidas no renunciar en el octavo».

Me reí.

—Después de que le gane a Wilfred —dije a los periodistas—, voy a hacer que Don King firme una pelea entre mi papá y el de él. —A Benítez no le gustó eso e hizo un movimiento hacia mí. No pasó nada, pero demostró que me tenía miedo.

—Les puedo jurar lo siguiente —dijo Arcel a los periodistas—: si Durán hubiera pensado alguna vez que volvería a hacer lo que hizo frente a Leonard en Nueva Orleans, se suicidaría antes.

La noche de la pelea subimos al ring y algunos de los chicos a mi alrededor llevaban un cartel que decía EL CHOLO: LA LEYENDA ESTÁ DE REGRESO.

El plan era pelear contra Benítez dentro y no dejarlo ganar por puntos de estilo. Pero no se dejó golpear fácilmente en toda la noche y era rápido en sus puñetazos. Fue un poco frustrante. Cada vez que conseguía ponerlo contra las cuerdas, lograba escurrirse. Leonard estaba trabajando como comentarista en primera fila.

—No veo nada en Durán —dijo tras el tercer asalto. En el cuarto logré aterrizar un buen golpe, una derecha, y volví a darle con otra derecha para poner fin al sexto asalto, mi mejor asalto hasta el momento. Sentí que tenía los golpes para gastarlo, pero no la fuerza. También empecé a sentir debilidad en las piernas.

Luego, en el séptimo, Benítez me aterrizó un gancho derecho que me hizo sangrar encima del ojo izquierdo y mi esquina hizo bien al detener el sangrado antes de la campana. Peleé fuertemente, como un campeón. Nunca pensé en renunciar y los críticos del «No más» tuvieron que reconocerlo. Pero en ese mayor peso era difícil hacer mover a un hombre como solía hacerlo. En el decimotercer asalto volví a cogerlo con una buena derecha, pero ya no podía sostener la presión y, a medida que la pelea progresaba, los siete años de diferencia en nuestras edades comenzaron a notarse; comencé a entender que aunque fuera mucho más inteligente que mi oponente, Benítez era más rápido y más fuerte que yo.

Después de la campana al final de la pelea, se acercó para tratar de terminar con un abrazo, pero lo rechacé. Entonces empezó a mofarse de mí. Comemierda. Mi gente subió al cuadrilátero y me levantó en hombros. No íbamos a retroceder ahora. Las puntuaciones fueron cercanas: 145–141, 144–141, 143–142, pero no a mi favor.

Después Eleta me dijo que debía jubilarme. Leonard había aceptado pelear conmigo otra vez, pero sólo si vencía a Benítez, y ahora decía que yo ya no las tenía conmigo. Estaba frustrado, cabreado. Creo que llegar al peso con tan sólo tres semanas de margen me había debilitado. Regresé a Panamá a pensar en mi futuro. Primero lo primero: tenía que olvidarme de la pelea y pasar un buen rato, eso siempre me había funcionado.

Lo mejor era volver al boxeo. Kirkland Laing era el siguiente, una pelea de peso superligero a diez asaltos, el 4 de septiembre de 1982. Era el excampeón de peso wélter de Gran Bretaña, pero no me importaba. Esta vez no hubo ningún régimen de entrenamiento en prisión: entrené en el gimnasio de Larry Holmes, en Pensilvania. Para demostrarle a la gente que había recuperado mi autodisciplina, iba a los clubes nocturnos pero no bebía.

Sin embargo, la pelea fue una mala noche para mí. Estaba

oxidado, tenía problemas para deslizar golpes y no conseguía mover mi cabeza correctamente. Cada vez que salía al ring para un nuevo asalto, sentía que me estaba parando demasiado erguido, lo cual significaba que no encontraba mi equilibrio y, por tanto, tampoco mi ritmo. Perdí por decisión dividida. Era tan sólo mi cuarta derrota en setenta y ocho peleas, pero los escritores de boxeo se estaban refiriendo a ello como la sorpresa del año.

Laing me ganó debido a mi pobre condicionamiento, no porque fuera mejor. No había entrenado correctamente: había estado en los clubes toda la noche y, aunque no había estado bebiendo, eso tenía sus consecuencias.

Ahora todo estalló. Las consecuencias fueron como las de la pelea con Leonard. Don King irrumpió en mi camerino maldiciendo y gritando, gritando que tenía demasiados manzanillos alrededor, que me hacían perder la concentración y que él había terminado conmigo. Flaco Bala me dejó. Una vez más, ¡Eleta nos dejó sin pagar nuestros gastos! Todos estaban convencidos de que yo estaba acabado, que nunca sería capaz de escalar la montaña otra vez. La pelea prevista por el título contra Tony Ayala en noviembre ya no era una opción. Sólo Plomo permaneció leal.

Eleta me dijo que me abandonaba porque no había entrenado correctamente y se despidió dejándome un millón de dólares, un apartamento y una casa. Yo valía más que eso, pero cuando le pedí más dinero, aseguró que ya me lo había gastado. Normalmente, le pedí a Eleta y King 2000, 3000 dólares a la vez, pero él me recordó que aunque yo había prometido controlar las cosas aún estaba gastando cerca de 10 000 dólares al mes en manzanillos, hoteles, alimentos. No es fácil renunciar a ese tipo de cosas, especialmente cuando estás tan acostumbrado a ellas.

Para mí nada tenía sentido.

—Pero gané mucho por esta pelea —le dije. Él no tenía respuesta. El dinero había desaparecido. Yo estaba furioso y no quería tener nada más que ver con él. Era duro. Soy un hombre orgulloso y estaba sufriendo. Tenía que cuidar de mi familia y el boxeo era la única forma de hacerlo que conocía.

En Miami fui a ver a mi buen amigo Minito Navarro, un famoso locutor de deportes cubano al que conocía hacia años, que había sido el último alcalde de San José antes de la Revolución Cubana y, como tantos otros exiliados cubanos, salió después de que Fidel Castro tomara el poder. Nos conocimos en 1972, después de que yo derrotara a Ken Buchanan, cuando Navarro cubría la pelea para una estación de radio hispana en Miami. Y aquí estábamos once años más tarde, cuando Eleta no sólo me había abandonado sino que también me insultaba en la prensa panameña, diciendo que estaba tan gordo que debería pelear como peso pesado. Y Arcel también había terminado conmigo.

Navarro fue comprensivo. Estuvo de acuerdo en que Eleta me había manejado mal y engañado.

—Tú no estás liquidado —me dijo—. Haré nuevamente

un campeón de ti, pero tienes que volver al gimnasio, comer la dieta correcta y tener cierta disciplina. Tienes que dejar de parrandear toda la noche.

Tenía razón. Me encantaba la vida nocturna en Miami. Yo llegaba con todos mis manzanillos y me tomaba el lugar, subía al escenario y cantaba con la orquesta de salsa que tocaba los fines de semana. Ahora, Minito nos acompañaba para, en la medida de lo posible, mantener las cosas bajo control.

Enrique Encinosa, el historiador de boxeo, me describió a Navarro como un Svengali para mí. Empecé a entrenar independientemente y algunas veces Navarro me acompañaba en bicicleta a recorrer mis diez millas, y luego me preparaba una de mis bebidas favoritas después del entrenamiento: dos huevos crudos en un vaso de dulce vino tinto español.

Hubo otra influencia positiva en mi vida: yo no tenía un mánager, pero un día un tipo llamado Luis Spada vino a mí y me dijo:

—Estoy dispuesto a hacer cualquier cosa. Incluso le cargaré el balde.

—No, señor —le respondí—, usted puede ser mi mánager.

Spada era argentino y había promovido peleas en Panamá. Durante un tiempo trabajó con Eleta —fue cuando lo conocí—, pero había seguido su propio camino. Había sido mánager del campeón de peso mosca junior Hilario Zapata de Panamá, quien seis días después de mi derrota ante Leonard me dedicó la defensa de un título mundial.

Spada había observado en televisión la pelea contra Laing y opinaba que yo era pésimo, una vergüenza. Pero quería rehacerme.

—No soy mago —me dijo—: tú eres el único que puede cambiar las cosas. Si no estás dispuesto a hacerlo, si no te interesa entrenar correctamente, entonces nada; estoy demasiado viejo para ese tipo de problemas. —Acordamos dedicarnos a lograrlo, pero necesitábamos ayuda.

Y así me encontré en el otoño de 1982, con Fula, en la oficina de Bob Arum en la ciudad de Nueva York. Había llegado con la esperanza de que promoviera algunas buenas peleas para mí y me senté allí con lágrimas en los ojos, confiando en que me diera una oportunidad. Pero Arum y Teddy Brenner, su organizador de peleas, eran escépticos.

—¿Qué voy a hacer con este puto tipo? —le preguntó Arum a Brenner—. Está acabado.

Pero Brenner lo convenció de darme otra oportunidad: era un gran boxeador, una gran atracción.

—Físicamente, este tipo no tiene ningún problema —aseguró—. Si uno logra que esté mentalmente bien, probablemente vencerá a cualquiera que se le enfrente. Y tenían razón.

—No más rumbas —prometí a Arum, Navarro y Spada—, no más chicas.

Mi meta era ganar el título de peso superwélter antes de junio del siguiente año, apenas ocho meses por delante. Así que acordaron una pelea el 12 de noviembre de 1982 contra otro boxeador británico, Jimmy Batten, en la cartelera de la superpelea entre Alexis Argüello y Aaron Pryor en el Orange Bowl en Miami. No había mucho dinero de por medio, solo 25 000 dólares, pero al menos estaría peleando. Como también tenía mi orgullo, me negué a pelear de telonero: no iban a humillarme de esa forma, por lo que acordaron promoverme como el boxeador no anunciado en cartelera después de la pelea de Pryor y Argüello.

En 157 libras, era el momento en que más pesaba en toda mi carrera. También tuve un problema en la espalda un par de días antes de la pelea y fui al hospital a que me hicieran radiografías. Afortunadamente, estaba bien. Aunque aún no en mi mejor forma, gané por decisión en diez asaltos. Arum no quedó contento con el resultado y me dijo que creía que ya no me quedaba nada que dar.

—¿Qué voy a hacer con él, Teddy? —le preguntó a Brenner.

Yo estaba entrenando en Los Ángeles cuando Arum se acercó a decirme que tenía una pelea acordada contra Pipino Cuevas, el peso wélter mexicano. Cuevas había sido campeón de la AMB durante cuatro años y había lastimado gravemente a varios, a veces enviándolos al hospital. Luego, en agosto de 1980 había peleado contra Thomas Hearns y eso fue otra historia. Hearns lo destruyó en dos asaltos. Cuevas había ganado dos de sus siguientes tres peleas desde entonces, pero no había impresionado a nadie, y su derrota frente a Roger Stafford había sido llamada la «Sorpresa del Año» por la revista *The Ring*.

Pero esta era una situación diferente. Los promotores sabían que una pelea entre Durán y Cuevas en Los Ángeles sería un gran negocio debido a la creciente cantidad de fanáticos hispanos en la costa oeste, sin mencionar a todos los mexicanos que apoyarían a Cuevas.

—¿Qué peso? —le pregunté a Arum. Me respondió que 152–154 libras.

—No hay caso, no puedo hacerlo.

—Si peleas contra él en 154 y le ganas —me dijo Arum—, te prometo que puedo conseguirte una pelea por el título mundial contra Marvin Hagler.

—Bueno, si es así, acepto.

Arum programó la pelea en el Sports Arena de Los Ángeles, y los boletos se agotaron al igual que en todos los estadios de circuito cerrado. Arum lo llamó el «Supersábado» porque el Super Bowl —que los gringos aman tanto— se jugaba al día siguiente. Antes de la pelea le di gran importancia a mi herencia mexicana, cosa que gustó a la multitud local, que amaba una buena pelea.

Escuchaba continuamente que Cuevas me iba a matar, que no tenía nada para contrarrestarlo. Te va a noquear. Te mandará al retiro.

Yo reía.

—Yo voy a noquearlo a él y a convertirlo en ensalada para que se lo puedan comer.

Ray Arcel tampoco tenía mucha fe en mí; incluso había publicado algunos consejos para mí en el *New York Times*, aunque no los leí en ese momento: «La vida es como un libro.

Tiene un principio, tiene un medio y tiene que tener un final de la historia. Igualmente, una carrera debe llegar a su fin. Espero que consideres conveniente poner fin a tu carrera». La noche de la pelea, él estaba en Los Ángeles, pero no estaría en primera fila porque la Maccabi World Union lo estaba ingresando en su salón de la fama de deportistas judíos.

Como siempre, mi familia vino a apoyarme. Fula iba muy bien vestida y habría lucido maravillosa en primera fila pero, como de costumbre, tan pronto sonó la campana desapareció en el camerino.

Lo bueno es que castigué a Cuevas. Los dos primeros asaltos fueron parejos, pero luego empecé a llegarle con un par de buenas izquierdas. Ambos íbamos fuertemente contra el otro y me alegró sentir que había recuperado mi poder. Iba a ser una guerra y yo no pierdo guerras. Al principio del cuarto lo golpeé con un derechazo sólido y ese fue el comienzo del fin para él. Comencé a golpearlo contra las cuerdas y se derrumbó. Sobrevivió, pero lo volví a poner contra las cuerdas y seguí castigándolo. Intentó sujetarme y esperar, cometiendo faltas con golpes bajos. Pero, ¡bum!, lo derribé otra vez.

Se levantó a tiempo, pero su esquina detuvo la pelea: les convenía. Yo iba a seguir castigándolo. Los mexicanos querían lincharme, así que me situé en el centro del ring y levanté la mano como muestra de respeto; comenzaron a aplaudirme.

Yo daba saltos de felicidad: había entrenado bien y estaba listo para pelear quince asaltos contra Pipino.

—¡Esta victoria es para mi gente en Miami! —le dije al anunciador—. ¡Les prometí que volvería a ser campeón!

De regreso en el camerino, descubrí que Fula se había encerrado en el baño porque estaba muy angustiada de que me lastimaran. Cuando me subí en la limusina con Spada, lloré. ¡Lo tengo otra vez! Otra vez soy un héroe en Panamá. Puedo ser campeón del mundo otra vez.

Esa oportunidad llegaría con mi siguiente pelea.

SIETE

«NO MOORE»

La noche que enfrenté a Cuevas no estaba pensando mucho en un tipo llamado Davey Moore. ¿Por qué iba a hacerlo? En ese entonces no era importante para mí. Pero la situación cambió después de que venciera a Cuevas. Moore era campeón de peso mediano junior de la AMB, por lo cual tenía algo que yo quería: un cinturón de campeón. Tenía sentido que peleáramos.

Las negociaciones comenzaron con José Sulaimán, el presidente del Consejo Mundial de Boxeo. Me apreciaba tanto que quería ayudarme, así que habló con Moore.

—Si quieres ser tan grande como él —le dijo—, tendrás que pelear contra él y ganarle. Entonces todo el mundo te amará y respetará.

—¿Quién es? —preguntó Moore.

—Roberto Durán.

—Hagámoslo.

En un principio, Arum había programado la pelea en Sun City, Bofutatsuana, en Sudáfrica, como un doble campeonato con el campeón ligero de la AMB Ray Mancini contra Kenny Bogner. Después de los enfrentamientos Frank Sinatra daría un concierto, motivo por el cual Bob Arum decidió llamar el espectáculo «El jefe y los campeones». Pero dos semanas antes de la pelea, Mancini se rompió la clavícula y tuvo que retirarse; Sinatra daba el concierto porque era un gran fan de Mancini, así que también lo canceló, lo cual fue una lástima porque realmente habría sido una noche para recordar. En vista de todo eso, Arum trasladó la pelea al Madison Square Garden.

Mientras tanto fui a Washington, D. C. para asistir a la fiesta del octogésimo cumpleaños de Bob Hope en el Kennedy Center, que fue grabada para su programa de televisión. La idea había sido que Marvin Hagler y Leonard representaran allí una pelea ficticia, con Howard Cosell como árbitro. Pero el día anterior, Leonard fue llevado al hospital con apendicitis. La gente de la televisión llamó a Arum y le preguntó si podría conseguir a Ray Mancini.

—¿Están locos? —exclamó Arum—. ¡Mancini es mucho más pequeño!

—Bueno, ¿puedes conseguir a alguien?

En ese momento Arum pensó en mí. Yo estaba entrenando en Nueva Jersey, así que me puso en un avión con destino a Washington. Pero a Cosell no le gustó la idea.

—A la mierda —le dijo a la gente de la televisión—. No lo haré por ese derrotista. —Pero lo convencieron. Así que me encontré en el camerino observando a Hagler.

—No es tan grande —les dije a Arum y Spada—. Primero hay que ganarle a Moore, luego a él.

El show fue genial y había mucha gente famosa, incluyendo al presidente Ronald Reagan, Lucille Ball, George Burns... y Cosell. Uno de mis amigos había traído una cuerda de saltar, así que después del espectáculo comencé a saltar la cuerda y la multitud enloqueció.

Por fin pude conocer a Frank Sinatra, en una conferencia de prensa en Las Vegas. Le regalé un guante autografiado y Davey Moore también. Sinatra dijo a su gente que la próxima vez que yo peleara allí debían organizar las cosas para que me quedara en su penthouse en el hotel. Por primera vez desde la pelea contra Leonard sentí que la gente me volvía a aceptar. Si Frank Sinatra me tomaba en serio —e incluso quería que me quedara en su casa—, todo el mundo tendría que hacerlo.

Luego, Dean Martin pasó por allí y me invitó al Sands. Tenía cantidades de licor.

—Toma lo que quieras —me dijo. Creo que sabía que me gustaba pasar un buen rato e intentaba emborracharme, pero yo había aprendido la lección y logré seguirle la corriente sin tocar el alcohol.

A la mañana siguiente, alguien en el hotel me dijo que él me tenía dos botellas del vino favorito de Frank Sinatra para que me llevara a Panamá. Genial, pensé —cada botella costaba 1000 dólares—, pero las guardaría para la celebración cuando venciera a Moore. Sin embargo, fue un bonito gesto y demostró que esos tipos sabían que yo aún era una leyenda, incluso después de todos los errores que había cometido.

Antes de conocernos en Las Vegas, no sabía mucho sobre Davey Moore. Era fuerte, de contextura robusta y arrogante como nadie. Había comenzado a pelear profesionalmente en 1980 y ganó sus primeras ocho peleas antes de noquear a Tadashi Mihara —en el sexto asalto en Tokio— por el título de peso mediano junior. Peleaba bien, y tal vez pensaba que eso le daba motivo para ser engreído. Creía que tenía la ventaja y se comportó como si ya hubiera ganado la pelea. Afirmó que había visto mi pelea con Batten en Miami, pero que se había salido después del tercer asalto porque no lo impresionó ni poquito.

—Durán fue un gran peso ligero, un buen peso wélter y un mediocre peso mediano junior —le dijo a los reporteros—. Hay una gran diferencia entre pelear con 135 libras y pelear con 154. Además, está mucho más viejo y ya no es tan fuerte. No creo que sea una pelea muy dura. Él pasó su mejor momento hace rato y yo estoy cerca de alcanzar el mío.

Desde entonces sólo lo vi como otro boxeador al que tendría que castigar por equivocarse. Olvídate de esas últimas peleas antes de Cuevas, yo ya no era la misma persona; incluso Arum lo sabía. Había trabajado duro para la pelea contra Cuevas y estaba trabajando aún más para esta. Me estaba tomando todo muy en serio.

Moore era el favorito por cinco a dos, pero sus oponentes no habían sido nada en comparación con lo que enfrentaría esta vez. Estaría peleando contra Durán en Nueva York.

Sabía, por mi trabajo en el campo de entrenamiento, que mis puñetazos no habían perdido su poder. En cuanto a bajar al peso adecuado, en otras ocasiones había intentado hacerlo demasiado rápido y eso me había dejado muy débil. Esta vez, mi peso había estado por un tiempo cerca del nivel requerido y yo me sentía muy, muy fuerte. Así había sido al principio. Iba a estar en la mejor condición física de mi vida. Desde el primer momento supe que le ganaría.

—No tengo palabras para expresar mis errores del pasado —le dije a los reporteros antes de la pelea—. No hay excusas. Una vez pensé que era un hombre; ahora soy un hombre y lo sé. En verdad, estoy muy entusiasmado... es como si fuera la primera vez que vengo a Nueva York para pelear por el título y la gente está conmigo todo el tiempo. Me he preparado muy duro para esto. Soy el viejo león. No peleo por el dinero. Quiero demostrarme que soy un campeón. Busco la fama. —Eso les encantó, hacía de la pelea algo más que simplemente lanzar a dos hombres uno contra el otro. Se trataba de garantizar mi lugar en la historia.

Aunque Davey Moore era neoyorquino, los boletos se vendieron lentamente al principio; desde la pelea con Leonard, los fanáticos todavía me consideraban un boxeador caído en desgracia. Arum se reunió con un amigo cubano que manejaba una estación de radio en lengua española:

—¿Cómo putas voy a vender esta pelea? —le preguntó.

—No desperdicies tu dinero con los medios estadounidenses —le contestó el cubano—. Has publicidad sólo en los medios de comunicación latinos.

Pero previamente hubo un drama. Yo tenía un amigo llamado Chema Toral que iba a todas mis peleas. Yo solía darle entradas de las muy caras —que cuestan 3000, 4000, 5000 dólares en el mercado—, dos o tres para cada pelea y él las recogía en mi hotel y llevaba unos cuantos amigos.

—Eleta quiere asistir a la pelea —me dijo—. Quiere hablar contigo.

—No —le respondí—. No lo quiero aquí. Ni siquiera me menciones su nombre.

—Pero... pero... Déjame hablar con el señor Spada.

—No lo queremos —le dijo Spada—. No queremos ni verlo.

Así fue. Yo conocía a Eleta desde hacía casi quince años, pero cuando las cosas se pusieron difíciles él me dejó plantado y nunca volví a hacer negocios con él.

Y, sin saber cómo, llegó la noche de la pelea. Mi hijo Chavo se quedó acompañándome en primera fila, pero mi hermano Pototo se fue al camerino con Fula, a rezar para que todo saliera bien. Fue la primera vez que los nervios no lo dejaron ver la pelea, aunque traté de convencerlo de que esta vez yo tenía el control. No me creyó y me dijo que no podía trabajar en mi esquina. Iba de acá para allá en el camerino, apagaba la televisión para no ver, lo cual fue una lástima porque no se habría decepcionado.

Resultó ser que en Panamá le gente también estaba empezando a creer en mí otra vez: el gobierno cerró las escuelas y oficinas temprano ese día para que todos pudieran ver la pelea en vivo por televisión. Iba a poner mi nombre nuevamente en el mapa y disfruté cada minuto. Por primera vez en mucho tiempo estaba disfrutando del boxeo. La fecha del encuentro también era perfecta: 16 de junio de 1983, mi trigésimo segundo cumpleaños.

El tipo de la estación de radio hispana había estado en lo cierto. Lo boletos se agotaron por primera vez para una pelea en el Madison Square Garden desde la pelea entre Ali y Frazier en 1974, y los ingresos de taquilla rompieron todos los récords del Garden en el momento. Había más de 20 000 personas allí y sentí que todas ellas me apoyaban. En el ring se presentaron dieciséis excampeones y actuales campeones, incluyendo a Leonard y Hagler, mi ídolo Ismael Laguna, Jake LaMotta, Ray Mancini, Rocky Graziano, Carmen Basilio, Eusebio Pedroza y Gerry Cooney, Bobby Chacón y Floyd Patterson, Vito Antuofermo, José Torres y Donald Curry. Arum lo llamó «el retorno del gran boxeo» al Garden.

Aporreé a Moore durante toda la pelea. En el primer asalto, aterricé en su ojo derecho un gancho de izquierda, aunque Moore diría que había sido mi dedo gordo.

—Muchos pulgares —dijo durante la conferencia de prensa después de la pelea—. Su pulgar llegaba desde todas partes. —Pero ese ojo iba a darle problemas y, a los seis minutos de la pelea, lo tenía cerrado.

¡Bam!, seguí trabajándolo, dándole golpes cortos a la mandíbula y las costillas. Sentí que se estaba ablandando. También me sentí mejor de lo que me había sentido en años. Durán estaba de vuelta, ahora lo sabía.

—Parece un maestro contra un niño con doce peleas

—exclamó Gil Clancy, uno de los comentaristas—. Lo está haciendo pedazos.

En el séptimo asalto, las cosas se pusieron realmente malas para Moore. Con dieciséis segundos para terminar el asalto, lo envié a la lona con un gran derechazo volado a la cara. Se las arregló para levantarse cuando el conteo iba en nueve, pero no debería haberlo hecho.

En mi entusiasmo fui al banco de Moore y tuve que apresurarme de regreso a mi esquina. Moore debería haberse quedado en su esquina, pero su mánager le permitió continuar. Más tarde aseguró que él había querido detener la pelea en el asalto anterior, pero Moore quiso continuar; ambos esperaban que se recuperara y saliera adelante.

Pero no había riesgo de que yo lo permitiera. Él estaba listo.

—¡Remátalo ahora! —me gritó Plomo antes del comienzo del octavo, y eso fue exactamente lo que hice. Lo golpeé con una secuencia de puñetazos a la cabeza y el cuerpo, y no tuvo con qué responder. Podía oír a la gente gritando mi nombre una vez más: «*¡Duu-rán! ¡Duu-rán!*», un canto que no había escuchado durante mucho tiempo. Era mi noche. Yo lo sabía, la multitud lo sabía; era sólo cuestión de tiempo. La gente pedía que se parara la pelea, incluido el comisionado atlético del estado de Nueva York, José Torres. Más tarde escuché que la madre y la novia de Moore se habían desmayado. Pero el árbitro, Ernesto Magaña, permitió que la pelea continuara.

—Esto es vergonzoso —dijo el comentarista de televisión

Tim Ryan—. No puedo entender ni tolerar la actividad de este árbitro, y la esquina de Moore debería detener la pelea.

Le pegué otro derechazo, esta vez directo a la cara, y lo seguí con un par de disparos al cuerpo. Su esquina había visto suficiente y, con cincuenta y ocho segundos para terminar el asalto, tiraron una toalla ensangrentada. Se sintió como si el estadio se fuera a derrumbar. La multitud enloqueció y siguió cantando: «*¡Duu-rán!, ¡Duu-rán!*», y luego me cantaron «Feliz cumpleaños». Me levanté en la cuerda inferior y rompí a llorar.

Arum se había asegurado de que Hagler asistiera a la pelea, por si sucedía algo especial... y sucedió. Después de haber ganado, Arum llevó a Marvin al ring y levantó nuestros brazos en alto para señalar que esa sería la próxima gran pelea.

Pero primero yo quería celebrar esta. Esa noche entré a formar parte de un grupo de élite que incluía a Bob Fitzsimmons, Henry Armstrong, Tony Canzoneri, Barney Ross, Alexis Argüello y Wilfred Benítez como campeones en tres divisiones. Ahora tenía el título de peso superwélter, además de las coronas de los wélter y ligeros que alguna vez habían sido mías. Gané sólo 25 000 dólares por esa pelea, pero otra vez era sinónimo de oro.

—Quería probar que todavía podía ser campeón del mundo —le dije a los reporteros después de la pelea—. No muchos creyeron en mí. Él no pareció ser capaz de manejar la lucha a corta distancia. No fue tan fuerte. Yo no pensé que esta fuera una pelea fácil, no tan fácil como resultó ser.

Después de la pelea teníamos que ir a Nueva York para un programa de televisión en el que nos entrevistarían, y ahí vi lo que le había hecho a Davey Moore. Su rostro estaba tan hinchado que parecía una pelota de playa.

—La próxima vez —le dije—, te mataré. Te sentirás mejor. —No había mucho que pudiera decir, así que guardó silencio.

Obviamente, muy pronto empezó a dar excusas para justificar su derrota. Dijo que unos días antes de la pelea había pasado dos horas en un tratamiento dental para arreglar dos dientes rotos. Aseguró que se había sentido mal después del primer asalto; que estaba desequilibrado y veía triple. Y también dijo que había tenido muchos problemas porque yo le había metido el dedo gordo en el ojo derecho. Eran excusas y no me preocupaban. Yo estaba allí únicamente para probar a la gente que se había equivocado, mostrarles que aún podía pelear.

En Panamá todo el mundo enloqueció, como era de esperar, con los coches tocando sus bocinas en las calles toda la noche. Nadie dormía: todos estaban demasiado ocupados celebrando. El periódico *La Estrella de Panamá* salió con un titular que decía: «Grandiosa noche de redención / Durán reina nuevamente».

Como podrán imaginar, Roberto Durán no iba a regresar a su hotel a sentarse a leer un libro. Nos fuimos en una limusina a Victor's Café, con gente gritando «¡Cómo lo golpeaste!». Fue una noche mágica. No recuerdo mucho de ella, pero Larry Holmes y Muhammad Ali también asistieron. Incluso mi viejo amigo y enemigo, Sugar Ray Leonard, se apareció a felicitarme y me dio un abrazo. Al *New York Times* le dijo: «Me alegro por él».

Al día siguiente hubo una conferencia de prensa en el centro.

—No puedo comparar esta noche con ninguna otra —le dije a los reporteros—. Esto fue una excepción. Cuando todo el mundo pensaba que estaba acabado, soy campeón del mundo otra vez. Después de anoche, he olvidado todo lo que sucedió en el pasado. Estoy pensando en el presente y el futuro. No recuerdo nada. Anoche volví a nacer.

Un escritor de *Sports Illustrated* vino a verme en mi suite del Sheraton. Todavía estaba muy animado, bebiendo Moët & Chandon con unos quince amigos y familiares. Él puso una cinta de la pelea y empecé a entusiasmarme otra vez, lanzando golpes al aire, los mismos golpes con que había golpeado a Moore en la cara la noche anterior. Era como un torero en el ring —permitiendo que los golpes me llegaran cerca, pero dejándolos pasar de largo— y Moore era el toro. Cuando terminó la grabación, levanté tres dedos al aire: Tres títulos. Sólo siete boxeadores habían ganado tantos títulos y yo era uno de ellos. ¡Chuleta!

El presidente de Panamá llamó y organizó todo para recogernos; en casa hubo otro desfile en mi honor. En él participaron más personas que cuando el papa llegó seis semanas más tarde: entre 300 000 y 400 000. Yo era nuevamente el rey, pero me hizo reír porque todos los que habían dudado de mí estaban de regreso adulándome. Aun así, esta vez fui más sabio: sabía que si las cosas volvían a ir mal, se alejarían nuevamente. Sin embargo, era el momento de celebrar una vez más.

Bob Arum vino a visitarme a Panamá y durante la cena le mostré un enorme anillo de oro que me habían regalado.

—¿Te gusta? —le pregunté.

—¡Muy bonito!

Así que me lo quité y se lo ofrecí.

—No, gracias, Roberto —exclamó Arum, pero a mí me gusta ayudar a la gente. Como siempre he dicho, cuando tengo dinero me gusta ser generoso.

De regreso en mi casa, me aseguré de que nadie tocara el vino de Frank Sinatra que había traído de Las Vegas. Sin embargo, un día, después de todas las fiestas, fui al bar y encontré las botellas vacías.

—¿Quién se las tomó?

—Yo.

Era nuestro cocinero, un hombre al que llamábamos «Pechín».

—¡Chucha tu madre! —grité—. ¡Hijo de puta, te bebiste 2000 dólares de vino! —Él solía beberse mi licor, pero no creí que pudiera tocar esas botellas. Eso fue doloroso.

Aproximadamente un mes más tarde, Arum anunció que la pelea contra Hagler sería por el título de campeón mundial indiscutido de los pesos medianos y sería la primera vez que yo peleaba como peso mediano. La conferencia de prensa en Nueva York fue una locura, con cerca de mil de mis seguidores presentes para apoyarme. Y eso fue sólo el comienzo, pues Hagler y yo cogimos cada uno un avión para hacer una gira promocional alrededor del país.

Estando en Los Ángeles vi un hermoso coche que me enamoró al instante. Un Excalibur, un Studebaker SS descapotable de cuatro plazas, de 1984, con un potente motor Corvette de ocho cilindros. Un coche exclusivo, si quisieras conseguir uno hoy en día, descubrirías que casi todos están en museos del automóvil, en colecciones privadas o en manos de los amantes de los coches clásicos. Entonces eran raros, ahora lo son aún más. Pues bien, yo quería ser una de esas personas especiales que tenían uno: personas especiales como Frank Sinatra, Dean Martin, Liberace, Sonny Bono, Rod Stewart...

Pedí a Don King 70 000 dólares para comprarlo. Le sorprendió que le pidiera dinero, pero finalmente me lo dio y fui directamente al almacén.

—¡Ese es el que quiero! —exclamé. Mi mujer entregó el dinero en efectivo, y viajamos desde Palm Springs a Las Vegas en ese coche. Cuando terminamos en Estados Unidos, tras el encuentro contra Hagler, lo traje a Panamá en un avión. Se sentía bien estar lleno de dinero nuevamente.

Armamos campamento en Palm Springs, que era caliente y seco, las condiciones perfectas para entrenar para la pelea en el Caesars Palace en Las Vegas. Sin embargo, había más distracciones, con estrellas de cine y músicos alrededor del lugar —gente como Bo Derek o Kirk Douglas y sus hijos iban a verme saltar la cuerda y golpear las peras—. Bo Derek había estado en ambos campos de entrenamiento durante semanas, tomando fotografías. La mayoría de los días lucía como una vaquera con su traje de película del oeste, y un día, después de un entrenamiento, un reportero me preguntó si sentía algo por ella, porque le pasaba el brazo para una foto.

—Bo Derek puede ser un once no un diez —le dije—, pero mi esposa también es hermosa.

Algunas personas piensan que la fama que viene con el boxeo es una distracción, pero no estoy de acuerdo. No se puede entrenar todo el tiempo, y era un placer estar rodeado de gente tan hermosa.

Freddie Brown era nuevamente mi entrenador y, como de costumbre, no me dejaba comer cuando estaba entrenando. Tenía que pelear con el estómago vacío, muriendo de hambre mientras intentaba poner mi cuerpo en forma. Si no hubiera sido por mi hermano Pototo, que me daba rebanadas de pan cuando Freddie no estaba viendo, me habría derrumbado mucho tiempo antes de la pelea.

A pesar de que ya antes había recorrido este camino de dieta estricta y entrenamiento de alta intensidad, todavía me sentía confiado. Después de la pelea contra Moore había recuperado mi confianza y sabía que podía ir mano a mano con los mejores, además estaba seguro de que tenía nervioso a Hagler.

Los Petronelli, Pat y Guerino «Goody», los mánagers de Hagler, también estaban nerviosos. Tratarían de influir en la elección del árbitro: querían a alguien que mantuviera un ojo en mí y, para empezar, me acusaban de haber usado mis pulgares contra Moore y de haberlo golpeado en las pelotas. Al mismo tiempo Hagler se refería a mí como un boxeador sucio, con lo cual me confirmaba que estaba asustado. Él era más sucio que yo, pues a veces usaba su cabeza como si fuera una tercera mano.

Hagler había ganado treinta y dos peleas seguidas y, es cierto, no había perdido en casi ocho años. Había defendido siete veces el título —con solamente cuarenta asaltos— y cuarenta y ocho nocauts, pero hay que ver a la gente con la que había peleado. Muertos: «Caveman» Lee, Norberto Cabrera, Tony Sibson, Alan Minter. Nadie como Roberto Durán. En esa división no había talento, yo iba a mostrarle cosas que él nunca había visto en el ring. Y sabía que Hagler finalmente iba a sentir lo que es recibir un golpe —un golpe fuerte— en el cuerpo. Íbamos a ver cuán maravilloso era «Marvelous» Marvin Hagler. Lo más importante, por supuesto, era ganar mi cuarto título mundial.

Pero no sería fácil. Estaba haciendo sparring en Palm Springs, y un tipo me pegó y casi me rompe la nariz. Me dio fiebre y los ojos se me hincharon; no pude entrenar durante una semana. Cuando regresé, tuve que llevar un protector especial de cabeza. Sugar Ray Leonard vino a entrevistarme en el campo de entrenamiento. Me puse gafas de sol para la entrevista, pero las alcé para que viera lo hinchados que tenía los ojos. Creo que la fiebre me quitó demasiada velocidad. Esto puede sonar como una excusa, pero todo lo que necesitaba era un par de semanas más de entrenamiento. Sin embargo, Luis Spada insistió en que peleara así y lo hice a pesar de que no podía respirar muy bien.

Al menos en la semana de la pelea, Hagler me respetaba más que Leonard, Hearns y Benítez. Le dijo a George Kimball, el autor de *Four Kings* (Cuatro reyes), que yo era un valiente boxeador que competiría con cualquiera y por eso me admiraba —los otros boxeadores estaban todos sentados en una valla como buitres, esperando a que él envejeciera—. Nunca me dio miedo enfrentarme a él.

Cinco días antes de la pelea, Hagler y yo nos cruzamos cuando corríamos por el campo de golf junto al Caesars Palace. Hagler siguió su camino y yo el mío, pero ambos reaccionamos de la misma manera y nos pelamos los dientes uno al otro, sabiendo que en pocos días nos enfrentaríamos verdaderamente.

Por fin llegó la noche de la pelea en el Caesars Palace, el 10 de noviembre de 1983. Yo pesaba 156½ libras, Hagler una libra más. Cuando subí al ring, Bo Derek se acercó y me dijo:

—Déjame ver tu rostro —y tomó una foto—. Pareces una estrella de cine —me dijo. Pero ella no era la única celebridad presente esa noche. Recuerdo haber visto a Michael Jackson en primera fila y, detrás de él, una gran cantidad de personas ondeando banderas panameñas y gritando «¡Durán! ¡Durán!».

Yo quería combatir con Hagler a corta distancia, que era mi fuerte, y viendo sus peleas supe que siempre era un poco lento para levantar las manos. Me di cuenta de que cuando se boxeaba con él lado a lado, era fácil. Pude bloquear sus disparos y sus brazos se cansaron, pero bloqueé tantos golpes que mis brazos también perdieron fuerza. Y luego, en el quinto asalto, le di un puñetazo en la cabeza y me fracturé la mano derecha. El dolor fue inmediato. El único consuelo fue que noté que lo había lastimado, porque su ojo comenzó a inflamarse horriblemente. Sabía que lo tenía en problemas pero, como ahora tenía que pelear con una mano, no podía acabar con él. El último asalto fue muy parejo; él era un boxeador fuerte, del tipo que no puedes descuidar un minuto porque te cae encima. Eso significaba que había que utilizar la cabeza para anticiparse a él y yo definitivamente lo tenía contra las cuerdas.

Pero perdí por dos asaltos. Sigo estando convencido de que debí haber ganado esa pelea pues, después de doce asaltos, yo llevaba la delantera en la puntuación. Gané seis asaltos en dos tarjetas de puntuación y cuatro en la otra. Pero la puntuación final fue 144–142, 146–145 y 144–143, todas a favor de Hagler. Era la primera vez que había tenido que pelear hasta el final para defender su título. ¡Chuleta! ¡Si no me hubiera fracturado la mano! Después de la pelea, me quité los guantes y mi mano derecha estaba hinchada; fuimos a un médico para que me pusiera una escayola.

—¿Cómo pudiste pelear así? —preguntó el doctor.

—Quería arrancarle la cabeza —le respondí. El dolor era salvaje y cuando Bob Arum intentó estrechar mi mano hice un gesto y le ofrecí la mano izquierda en su lugar. Tendría que tenerla enyesada por tres semanas.

Pero al menos había logrado ganarme el respeto de los escritores estadounidenses y de todos los aficionados que siempre recordaban la segunda pelea con Leonard.

«Durán eliminó el término "cobardía" del diccionario

español en Panamá», escribió Will Grimsley de la Associated Press. En términos económicos también fue una buena noche para mí, pues en mi día de pago recibí unos maravillosos seis millones de dólares. Hagler recibió unos diez millones y se ganó cada centavo de ellos.

—Ese hombre es una leyenda —afirmó después de la pelea. Y, por supuesto, todavía tenía mi título de peso mediano junior de la AMB, porque ese cinturón no estaba en la línea.

Fue una lástima no haber tenido una revancha con Hagler, porque me la merecía. No podía dejar de pensar que si no me hubiese fracturado la mano y hubiera derrotado a Hagler habría peleado contra Juan «Martillo» Roldán, el peso mediano de Argentina que acabó enfrentando a Hagler en 1984. Eso podría haber representado millones de dólares para mí. Y una pelea contra Eddie Mustafa Muhammad, muchos más millones. Pero me ignoraron e ignoraron a Spada, quien estaba de acuerdo en que merecíamos una revancha.

Sin embargo, de esa noche surgió otra gran pelea. Después de que anunciaron la decisión, miré a Leonard, que estaba en primera fila, luciendo un esmoquin y comentando la pelea.

—Tú puedes ganarle a Hagler—le dije.

—¿Por qué me lo dices?

—Porque estás todos los días en el gimnasio. Yo no. Sólo fui al gimnasio para entrenar para este tipo. Tú le ganarás.

—¿Estás seguro?

—Sí, todo lo que tienes que hacer es boxearle.

Y eso fue exactamente lo que sucedió cuando pelearon en 1987. Leonard le ganó, aunque fue una pelea muy pareja y una decisión dividida. Podría haberle ganado más fácilmente si no hubiera pasado tanto tiempo huyéndole.

Mucho después me enteré de que Hagler estaba de regreso en el gimnasio tres días después de la pelea. ¿Yo? Pasé tres días seguidos festejando y con la mano entre un yeso. Pero ese soy yo y no voy a disculparme por vivir mi vida. No importaba que mis habilidades se estuvieran deteriorando a medida que mi carrera avanzaba, y era cierto que mi cuerpo ya no podía soportar el castigo como alguna vez lo había hecho: si había buen dinero en oferta, yo iba por ella.

Aunque perdí contra Hagler, finalmente conseguiría un gran premio de consolación. Unos meses después de la pelea contra Hagler, estaba en un club nocturno de Miami con un par de mujeres cuando Spada apareció con un tipo cubano, Walter Álvarez.

—Este caballero —me dijo—, quiere que enfrentes a Tommy Hearns. —¡Ahora es difícil creer que así era como se acordaban las peleas en esa época!

Álvarez me dijo que iba a ofrecerme cierta cantidad.

—¿Cuánto? Tráeme medio millón de dólares y pelearé con él.

—¿Estás loco? ¿Dónde diablos voy a conseguir medio millón de dólares a las once de la noche?

Le dije que, para mí, el mañana no existía: era medio millón.

—Olvídalo —le dije a una de las mujeres cubanas—. Nunca volveremos a verlo. —Y seguí bebiendo mi whisky. Pasó una hora, dos horas.

Y, hacia las tres de la mañana, Álvarez reapareció.

—Mira, Durán, no pude conseguir el dinero. He estado hablando con mis amigos, pero es difícil conseguirlo. Sin embargo, pude juntar un cuarto de millón. —Lo tenía en una maleta y me pidió que lo contara.

No necesitaba hacerlo, le dije que su palabra era suficiente para mí. Le entregué el dinero a Spada y le dije:

—Bien, hablaremos mañana. Luego les dije a las chicas que la fiesta apenas comenzaba.

Resultó que eran lesbianas, y alrededor de la madrugada, cuando finalmente estaba pensando que era tiempo de ir a descansar, una de ellas sugirió que hiciéramos un trío. Pero, con todo lo que había bebido, me subí encima de la equivocada, ella se enojó conmigo y echó a perder lo que debería haber sido una gran manera de terminar la noche.

Ahora, de repente, tenía una enorme cantidad de dinero en efectivo, más de lo que nunca había tenido a la vez. ¡Qué gran error! Durante las siguientes dos semanas la pasé mejor que nunca en mi vida, despilfarrando miles de dólares de club en club. Duró tanto que cuando me tranquilicé casi había olvidado la pelea con Hearns y fue sólo cuando Spada me sentó y me dijo cómo íbamos a entrenar que me pesé y me di cuenta de que pesaba ¡casi 200 libras!

Pero el contrato estaba firmado y yo debía volar a las Bahamas para entrenar. Tenía un mes de entrenamiento para llegar al peso. Vuelve y juega, pensé. Bajar las libras de más siempre había sido mi principal problema, pero esta vez fue más difícil que nunca. Pasé días sin comer, y tenía que hacer cosas como sentarme en una tina de agua caliente chupando limones para sudar tantas libras como fuera posible. Siempre estaba deshidratado pero no me permitían beber nada, y finalmente empecé a dejar correr en mi boca el agua cuando tomaba una ducha, pero sin tragarla.

Todo esto fue mucho antes de que los entrenamientos comenzaran a planificarse en principios científicos; tan sólo hacía las cosas que había aprendido en el gimnasio en mi país. No tenía ni idea del daño que me hacía a mí mismo, pero no me importaba siempre y cuando funcionara, aunque sentía los músculos más débiles en lugar de más fuertes.

Mi familia vino a visitarme en el campamento, aunque mi hijo Robin tenía sólo tres años. Era bueno tenerlos cerca, pero hubo momentos en que estaba en esa tina caliente, sudando como un animal, y los niños entraban y empezaban a gritar «¡Papá, papá!», y el ruido me molestaba.

—Fula, por favor, llévate a los niños —le pedí—. En este momento no puedo lidiar con ellos.

Fue entonces cuando Fula supo que iba a perder. Sólo esperaba que fuera por decisión. «Espero que no lo lastimen o maten», pensaba ella. Más adelante, Robin me diría que él también supo, a pesar de ser un niño pequeño, que algo estaba mal y que iba a perder esa pelea. Hoy en día, Robin dice que ese es el recuerdo más triste que tiene de mis días como boxeador. En cuanto a mí, había pasado por todo eso antes y no tenía nada que decir, pero sí parecía que todo el mundo esperaba que perdiera. Mi viejo amigo Navarro no quería tener nada que ver conmigo.

—Hearns es más joven que tú —me dijo—. Es más fuerte y es mejor boxeador que tú. Te noqueará en el tercer asalto. No voy a volver a tu esquina.

Había escuchado todo ese tipo de mierda antes, pero ahora veo que todos tenían razón. Tan sólo llegar hasta el cuadrilátero fue como atravesar el infierno. Perder las últimas tres libras fue horrible, como derramar sangre, y a duras penas lo logré; llegué al pesaje en 153¼. Después de todo eso, lo que necesitaba era un descanso, no una pelea que la gente estaba describiendo como la más dura de mi carrera.

En el Caesars Palace en Las Vegas el calor era infernal, tal vez de noventa grados Fahrenheit. El entrenamiento en las Bahamas se suponía que me condicionaría para el calor, pero esto era una locura. Era 15 de junio de 1984, el día antes de mi trigésimo tercer cumpleaños, pero este no era el regalo de cumpleaños que me habría gustado.

Desde el principio las cosas no me resultaron. Aproximadamente al minuto de pelea, Hearns me puso contra las cuerdas. Me golpeó en el oído derecho; me escabullí y regresé al centro del ring, pero me aterrizó una derecha. Me golpeó en la cabeza y comencé a sangrar bajo el párpado izquierdo. Definitivamente esto no era el plan para el que había estado trabajando. Cuando golpeé la lona en la mitad de ese primer asalto, lo que vino a mi mente fueron aquellas dos lesbianas en Miami —no sé por qué, pero me hizo reír—. Intenté sacudírmelas de la cabeza y me levanté rápidamente. Luego, Hearns me acorraló nuevamente contra las cuerdas y me derribó con una ráfaga antes de que sonara la campana. Estaba un poco confuso y terminé dirigiéndome a la esquina neutral. Jesús, todavía tenía que aguantar catorce asaltos si no quería salir noqueado. Tal vez la gente tenía razón, pensé.

Desde el momento en que sonó la campana al comienzo del segundo asalto, Hearns me llevó contra las cuerdas otra vez. Esperé y esperé una pausa para poder empujarlo lejos y comenzar a boxear y entonces fue cuando él fingió una izquierda al cuerpo y por último me remató con un gran derechazo. ¡Bum!, caí sobre mi pómulo y eso fue todo. Bing, bing, bang, bang: me había golpeado y ni siquiera podía levantarme. Estaba pagando las consecuencias de mi desorden; ¡todo era culpa de las lesbianas! Cuando Fula oyó que me habían noqueado, empezó a gritar «¡No, no! ¡No quiero saber!».

Hearns se convirtió en el primer hombre que me noqueó, pero había tomado ochenta y tres peleas antes de que sucediera. Él sabía que lo que había hecho era especial y dijo más adelante que había peleado contra una leyenda, el hombre más grande que jamás había enfrentado. Aunque nadie me creyó, todavía pienso que si hubiera durado unos cuantos asaltos más, le habría ganado. Como estaban las cosas, quedé frustrado por todas las preguntas y, cuando regresé a Panamá, dije a los periodistas en la conferencia de prensa en el aeropuerto que me iba a retirar. No quería pensar más en el boxeo. No quería vivir en el pasado.

—Ahora estoy pensando en divertirme —les dije—, pura y simple diversión.

Fue un alivio decirle al mundo que terminaba con el boxeo. Tenía dinero en el banco y podría cuidar de mi familia, y ese era el principal motivo por el que había peleado todos esos años. Había hecho todo lo que había querido. Me sentí renacer. Dejaría de lado todo lo que había sucedido en el pasado y seguiría con el resto de mi vida.

OCHO

EL CAMPEÓN

L<small>A VIDA</small> no era sólo boxeo. De regreso en Panamá volvimos a reunir la orquesta de salsa, que no había tocado desde mediados de la década de 1970. Esta vez la llamamos Orquesta Felicidad, en honor a mi esposa. Mi hermano Pototo también participó, al igual que mi amigo Marcos y algunos otros. Recorrimos el país con algunos invitados, incluyendo, aunque no lo creas, a Wilfred Benítez, que tocaba los timbales.

—Éramos rivales en el ring pero no en la música —nos dijo cuando pidió unirse a nosotros. No tuve ninguna objeción.

Grabamos otro disco y lanzamos un sencillo: «Pa la calle a echá un pie», en el cual yo era la voz principal. También tocaba el güiro, un instrumento de percusión latinoamericano hecho con una calabaza hueca. Sabía que no era el mejor cantante, pero formar parte de la orquesta era bueno para el negocio, y a donde quiera que íbamos los fans nos amaban, particularmente cuando hacíamos giras fuera de Panamá. Fuimos a Venezuela, Colombia, El Salvador, Las Vegas, Los

Ángeles, Nueva York, Miami... pero uno de nuestros viajes más memorables fueron ocho días en la República Dominicana, recorriendo toda la isla para el carnaval.

Mi fama también me consiguió un papel en *Miami Vice* en 1986. No tenía un papel de boxeador: era un traficante de drogas llamado Jesús Moroto, que es arrestado. Frank Zappa también aparece en ese episodio. En el libreto, Don Johnson, que interpreta a Crockett, viene a verme a la cárcel.

Mi diálogo era:

—Se necesita un policía duro para agarrarme, Crockett.

—Tienes treinta segundos antes de que salga de aquí —me dice Crockett—. ¿Para qué me quieres?

—¡Venganza! —le respondo, me acerco y le doy un beso en la mejilla. Luego saco un arma de la parte trasera de mi pantalón—: Vamos a descubrir qué tan duro eres. —Y me disparo a mí mismo.

Unos años más tarde hice una breve aparición en la película *Harlem Nights* con Eddie Murphy y Richard Pryor. Tenía que decir:

—¿Quieres que le patee el culo? —No era un gran actor, pero esos pequeños papeles eran bien pagados y buena diversión.

También volví a conducir mis coches rápidos y a volar mis ultraligeros. Había visto estos aviones en los cielos y me dije: «Chuleta. Tengo que aprender a volar».

Un domingo después de recibir mi licencia, me elevé en mi ultraligero y olvidé mantener la velocidad adecuada una vez que cogí altitud. Iba demasiado rápido y perdía rápidamente el control; sin saber en qué momento, me encontré volando sobre un puente hacia el Puente de las Américas. Mientras más alto volaba, más me asustaba: olvidé todo lo que mi instructor me había dicho, sólo podía pensar en que me iba a estrellar. Cambié de dirección y me dirigí hacia el mar, pensando que era más seguro caer en el agua que quedar ensartado en un árbol. Seguía descendiendo demasiado rápido y, cuando el ultraligero golpeó el agua, hubo una enorme explosión y luego todo fue oscuridad. Quedé atrapado en la cabina y el avión se hundía. Rogué a Dios su ayuda. Golpeé con fuerza y, ¡bam!, logré liberarme, salir a la superficie y comencé a nadar. Un barco de pesca me recogió, pero la cola del avión se deslizó de nuestras manos y lo perdimos. Cuando le expliqué a Fula lo que había sucedido, me dijo que había sido una locura querer aprender a volar y, obviamente, aparecer mojado de pies a cabeza tras estrellarme no la convenció de lo contrario.

Sobra decir que dedicarme a este tipo de diversiones significaba gastar enormes cantidades de dinero. Uno de mis amigos le dijo a un reportero que me gastaba 8000 dólares a la semana. Nunca llevé cuentas, pero no me extrañaría que hubiera sido cierto, ¡estábamos demasiado ocupados pasando un buen rato! Con la banda, los vuelos y la familia no tenía tiempo de pensar en el boxeo; ni siquiera veía las peleas. En 1985 no tuve ni una pelea; no me molesté en ver a Hagler destruir a Hearns en Las Vegas en abril.

Muy pronto el dinero empezó a escasear, pero además estaba empezando a aburrirme. A finales de 1985 volví al gimnasio y comencé a golpear los sacos. Al principio lo hice sólo para pasar el rato, pero después de un tiempo subí al ring y comencé a pelear otra vez. No me preocupé por el peso o la velocidad, pero era agradable sentir que aún podía mover los pies correctamente, que todavía podía reaccionar cuando alguien me atacaba.

Una noche me senté con Fula y le dije que quería volver a boxear. Ella lo había visto venir y, aunque no la hacía feliz, sabía que tenía sentido: me mantendría fuera de la casa, dejaría de estorbarle y volvería a traer dinero. Los rumores decían que estaba quebrado y es cierto que los tiempos eran malos, pero no estaba sin un centavo. Todavía tenía propiedades, seis coches y un montón de joyas, pero habría odiado vender esas cosas: eran los restos de mi legado como boxeador.

Mi amado Excalibur no era uno de esos coches, y renunciar a él había sido la decisión más dolorosa de mi vida. Tuve que venderlo con descuento a un tipo en Panamá. ¿Qué podía hacer? Necesitaba plata. La respuesta era volver a lo único que sabía hacer: boxear.

No hice un gran anuncio sobre mi intención de salir del retiro pues no sabía cuánto tiempo iba a durar y, cuando por fin volví, en enero de 1986, era poca la competencia. Vencí a dos tipos en Panamá, ambos por nocaut, pero nadie parecía impresionado a pesar de que uno de ellos, Manuel Zambrano, era el campeón colombiano de peso mediano junior. Lo tumbé con una izquierda a la quijada en el segundo asalto. Me sentí bien al hacerlo frente a 16 000 personas en el Gimnasio Nuevo Panamá.

Bob Arum me había prometido que si ganaba, podría pelear con el ganador de la pelea entre John Collins y Robbie Sims, pero yo seguía obsesionado por la revancha con Hagler. Incluso dije que estaba listo para enfrentarme a cualquiera de su familia —excepto sus padres— para llegar a él y ganar otro campeonato.

En su lugar, peleé con Sims el 23 de junio en Las Vegas como parte de una cartelera llamada el «Triple Hitter», que incluía a Barry McGuigan y Hearns defendiendo sus títulos. Ahora estaba en 79–6–0, con sesenta nocauts.

—Todavía no estoy acabado —dije a los reporteros—. Quiero el cuarto título.

No me fue bien contra Sims: perdí por decisión dividida. Luego dije que quería seguir boxeando, pero había perdido seis de mis últimas trece peleas. Y fue entonces cuando entré en contacto con Luis de Cubas.

—Ah, vas a ser mi mánager, ¿verdad? —le dije cuando nos encontramos en el aeropuerto de Miami—. Entonces dame 100 dólares. —Así de mal estaban las cosas.

De Cubas había llegado de Cuba a Minneapolis en 1966, cuando tenía nueve años. Ahora vivía en Miami, trabajaba en un banco en Miami Beach y pretendía entrar en la promoción de boxeo con Chris Dundee, el hermano de Angelo. Me dio los 100 dólares y me alojó en un hotel en Coral Gables, a las afueras de Miami, cuyo propietario era amigo de él. Me permitieron quedarme allí hasta que pudo organizarme una pelea y pagarme.

La primera fue en el Centro de Convenciones de Miami Beach, y de Cubas dijo que me garantizaban 15 000 dólares y un porcentaje de la taquilla. Pelearía contra José «Pepe» Quiñones, quien acababa de noquear a Doug DeWitt. Pero tres semanas antes de la pelea, Teddy Brenner llamó a de Cubas diciendo que Quiñones tenía una cláusula de revancha. Fue entonces cuando Víctor Claudio, un puertorriqueño, entró en escena.

Con la ayuda de Chris Dundee, que era un gran promotor, llenamos el Centro de Convenciones. Chris organizaba espectáculos de lucha libre en Miami todos miércoles por la noche y atraía multitudes con luchadores estadounidenses a los que el público adoraba, como Ric Flair y Hulk Hogan.

Vencí a Claudio por decisión. Llevé a casa 15 000, tal vez 20 000 dólares, pero nadie encendió la televisión para ver la pelea.

Además de mi nuevo promotor, tenía también un nuevo mánager. Carlos Hibbard era de Panamá, un taxista desempleado y nutricionista aficionado. Como yo, era un niño de la calle, y teníamos mucho en común. Originalmente nos habíamos conocido en Nueva York, me lo recordó, justo antes de que enfrentara a Davey Moore, cuando él me pidió un autógrafo.

En 1987, Hibbard fue a la discoteca en Nueva York donde yo estaba tocando con la Orquesta Felicidad, me echó una mirada y pensó: «No le queda ni la pinta de boxeador». Entonces pesaba 218 libras. Pero él creía que podría volver a ponerme en forma.

—Quiero ver si aún eres algo —me dijo. Agregó que todavía tenía los reflejos y que todo lo que tenía que hacer era adoptar el programa de pérdida de peso que él había ideado. ¡Así que estábamos trabajando juntos!

Tuvo que pedir dinero prestado para llegar a Miami a trabajar conmigo, pero se las arregló y me puso en una extraña dieta que incluía infusiones y un tónico compuesto de ginseng, menta y ajo fermentado. Era extraño, pero esa porquería funcionaba.

Tras vencer a Claudio, mi siguiente contrincante era Juan Carlos Giménez.

—Durán, ¿puede vencer a este tipo? —me preguntó de Cubas. A pesar de que estaba clasificado de séptimo en el mundo en ese momento y era un tipo grande, Giménez no era invencible. Ese era el tipo de boxeador que de Cubas quería poner delante de mí. Él no tenía el dinero para hacerlo realidad pero se asoció con Willy Martínez, quien había fundado Ivette Promotions. De Cubas también tenía al peso pesado José Ribalta, que acababa de pelear diez asaltos con Tyson, por lo que querían ponernos a ambos en la cartelera para llenar los asientos.

El Centro de Convenciones de Miami no estaba disponible, así que organizaron la pelea en el Hyatt del centro, para 5000 personas. De Cubas tenía una grabación de Giménez para mostrarme, y después de buscarme por todas partes me encontró parrandeando en un club nocturno llamado Rich and Famous. Se las arregló para sacarme de allí y nos sentamos en la oficina del gerente. Miré quizás unos quince segundos de la cinta.

—Oye, consígueme a este chico —le dije inmediatamente—. Lo mataré.

El día de la pelea me presenté al pesaje en una limusina, aunque la mayoría de la gente me daba por perdido. Además de fuertes dolores de cabeza, cuando el doctor me revisó descubrió que tenía la presión arterial alta, así que tuvimos que esperar a que bajara para que firmara el certificado de que estaba en condiciones de pelear. De Cubas estaba muy preocupado: se habían agotado los boletos. Le pregunté qué pensaba de Giménez.

—No te preocupes, Durán. Juan Carlos es una palomita.

Recibí un fuerte golpe de derecha en el primer asalto, pero logré abrirme camino y salir de problemas. Giménez creyó que yo estaba en problemas pero no era verdad, aunque todavía tenía dolor de cabeza y no podía moverme tan bien. Sin embargo, a medida que la pelea prosiguió, mi dolor de cabeza mejoró y pude pensar con más claridad. Podría haberlo noqueado, pero no me atreví a abusar. Así que cuando llegamos al quinto asalto y él seguía en pie, miré a de Cubas y dije:

—Palomita, ¿eh? ¿Palomita?

Esa pelea me costó más de lo que esperaba, pero de todas maneras gané fácilmente por decisión: el primer asalto fue el único que perdí. Tenía que ganar pues Willy Martínez me pagaba 50 000 dólares, dinero que necesitaba con urgencia para mantener a la familia.

De Cubas necesitaba más dinero, por lo que consiguió otro socio, Mike Acri, que estaba conectado con Jeff Levine, otro promotor, y fuimos a Nueva York para llegar a un acuerdo para una pelea contra Ricky Stackhouse, una estrella naciente con un récord de 19–4 y 10 nocauts. Levine me dio mis 50 000 dólares en efectivo, en una bolsa de nylon, y yo firmé.

Le pedí a de Cubas que me llevara a la tienda de un tipo dominicano que vendía hermosos zapatos de piel de cocodrilo; salí de allí con siete pares, incluyendo algunos con forro de piel, como me gustan. No le dije una palabra a Fula, pues gasté entre 15 000 y 20 000 dólares ese día.

Años más tarde, Luis Gardini, dueño del almacén de zapatos, tuvo una mala época y me pidió prestados 30 000 o 40 000 dólares para poder comenzar nuevamente. Me gustaba tanto su tienda que le di el dinero sin ninguna garantía.

—Cuando me recupere, Durán, te pagaré —me dijo. Pero nunca volví a saber de él.

Enfrenté a Stackhouse en el Centro de Convenciones de Atlantic City y gané en diez asaltos por decisión; luego peleé contra un chico llamado Paul Thorn en el Casino Tropicana, también en Atlantic City, y le gané por nocaut técnico en el sexto asalto. Le hice unos cortes feos encima de ambos ojos y su boca sangraba, pero él también me hizo un corte sobre el ojo izquierdo con un cabezazo; terminamos yendo juntos al hospital en una ambulancia.

Creo que ha sido el único boxeador que ha escrito una canción sobre mí. Se llamaba «Hammer and Nail» (Martillo y clavo). La letra dice:

Subí al ring con Roberto Durán y los golpes
  comenzaron a llover.
Me golpeó con una docena de duros ganchos y mi
  esquina tiró la toalla.
Le pregunté por qué tenía que noquearme y lo
  resumió muy bien.
Dijo que prefería ser un martillo que un clavo.

Sí, yo era un martillo y necesitaba clavos más grandes, peleas más grandes.

Unos meses más tarde en Atlantic City conocí a otro de los grandes boxeadores: Mike Tyson.

En ese momento, Tyson era el rey del boxeo. Había noqueado a Larry Holmes en Atlantic City. Había aplastado a Tony Tubbs en Japón. Ahora, en junio de 1988, iba a pelear contra Michael Spinks en el Trump Plaza en Atlantic City. De Cubas había llevado a José Ribalta con él porque estaba tratando de conseguir una revancha con Tyson a través de Don King, y también quería conseguirnos entradas a Ribalta y a mí para la pelea de Tyson. Ya le había pedido a Don King una para mí pero, debido a la mala sangre entre nosotros, King dijo que no. Luego se encontró con Steve Lott, asistente del mánager de Tyson.

—Steve, estoy realmente avergonzado —empezó diciendo—, pero Durán quiere ver la pelea y no tengo una...

—Louie, por favor —le respondió Lott—. Él es ídolo de Mike. ¡Adora a Durán!

En su autobiografía, Tyson dijo esto acerca de mí:

Mucha gente asume que [Muhammad] Ali era mi boxeador favorito. Pero tengo que decir que era Roberto Durán. Siempre vi a Ali como un hombre hermoso y elocuente. Yo era bajito y feo, y tenía un impedimento del habla. Cuando veía a Durán boxear, era sólo un tipo de la calle. Le decía cosas a sus oponentes como «Chúpame mi puta polla, hijo de puta. La próxima vez te vas a la puta morgue». Después de vencer a Sugar Ray Leonard en ese primer combate, se fue a donde estaba sentado Wilfred Benítez y le dijo: «Vete a la mierda. No tienes el corazón ni los cojones para pelear conmigo».

Hombre, ese tipo soy yo, pensé. Eso era lo que yo quería hacer. No se avergonzaba de ser quien era. Me identificaba con él como ser humano. A medida que mi carrera avanzaba y la gente comenzaba a elogiarme por ser un salvaje, supe que ser llamado un animal era la mayor alabanza que podría recibir de alguien. Me entristeció mucho cuando Durán renunció durante la

revancha del «No más» contra Leonard. Cus
[D'Amato, mánager de Tyson] y yo vimos esa
pelea en Albany, y estaba tan enojado que lloré.
Pero Cus predijo que jamás volvería a hacerlo.

Y Tyson me dijo que cuando enfrenté a Davey Moore, se
había colado en la galería del Madison Square Garden fin-
giendo que era yo. Tyson era apenas un niño entonces, tenía
dieciséis años, un don nadie, pero era fanático mío. Más tarde
me confesó que pasaba horas en casa boxeando con un contrincante imaginario y gritando: «¡Durán! ¡Durán! ¡Durán!».
Así que conseguir una entrada no iba a ser problema.

—Cuando se lo diga, Mike va a estar feliz —le aseguró
Lott a de Cubas—. Lo único es que probablemente Mike
quiera verlo.

Así que nos fuimos a las Seacoast Towers a ver a Tyson,
que se hospedaba en el penthouse. Había estado durmiendo y
salió llevando sólo una toalla de Diet Pepsi, era parte de su
acuerdo de patrocinio. Salió y me dio un gran abrazo. Sabía
que yo era un cabrón y quería ser igual a mí.

Luego enloqueció y bailó alrededor de la habitación gritando: «¡Roberto Durán! ¡Roberto Durán! ¡Oh, Roberto!
¡Roberto!». Con de Cubas como traductor, me dijo:

—Me siento como una niña que se ha enamorado por primera vez.

Por fin se sentó y comenzó a hablar de mis peleas; posteriormente diría que su pelea favorita de todos los tiempos era

mi primera pelea con Leonard. Recordaba todos los detalles, incluyendo las fechas exactas.

—¿Cómo pudo decir Alexis Argüello que podría vencerte, cuando él perdió frente a Ñato Marcel y tú venciste a Ñato Marcel? —Era realmente obsesivo sobre el deporte, y era fácil ver que llegaría a ser uno de los mejores boxeadores.

Tyson afirmó que se sentía mal por no poder darnos entradas para la primera fila, pero que tenía algunas para la cuarta fila. Me preguntó si podría pasar por el camerino antes de la pelea y darle mi consejo sobre lo que debía hacer en ese encuentro.

—Golpéalo bajo. Tiene un poco dañado el pie izquierdo, así que golpéalo en ese lado. Mike, eres mucho más fuerte, más grande. Salta sobre él.

Y luego Tyson va y lo noquea en noventa segundos, ¡sin siquiera sudar! Más tarde le dijo a Larry Merchant de HBO que era yo quien le había dicho qué hacer.

Después de la pelea, fuimos al camerino y obviamente había un montón de celebridades afuera, pero a ninguna de ellas se le permitió entrar, sólo a mí. Tyson estaba allí de pie con una toalla en la cintura y con su esposa del momento, Robin Givens. Estaba feliz de verme y le dijo a de Cubas que si no le hubiera prometido sus guantes al Salón de la Fama del Boxeo le habría gustado regalármelos.

—¡Le pegué tal como me dijiste! —exclamó—. ¿Por qué no vienes a la fiesta que ofrece Don King para mí?

Don King era la última persona a la que quería ver, pero no importaba. Había cientos de personas, incluyendo a Gregory Hines, el bailarín, y sentado sobre un trono con una corona sobre la cabeza y un lujoso bastón en la mano estaba Mike Tyson, el indiscutible rey del boxeo. Me tomé algunas fotos con él y bebí un poco de champán, todo lo cual me devolvió nuevamente el gusto por esa vida de los que están en la cima y que alguna vez había disfrutado tanto. Lo que necesitaba era otro título.

Iran Barkley estaba en el radar —un prometedor pugilista de Brooklyn que acababa de destruir a Thomas Hearns en junio, con un nocaut en tres asaltos para ganar el título de los pesos medianos del CMB—. Un tipo cubano-libanés, amigo de José Sulaimán, contactó a Barkley para ver si podía pelear. Visitaron a Stan Hoffman, el mánager de Barkley, llevando una cinta de mis peleas y lo instaron a darme la oportunidad de convertirme en el único boxeador latino en ganar cuatro campeonatos mundiales en cuatro diferentes categorías de peso. Deseaba tanto esa victoria que casi podía saborearla. Finalmente recibí la noticia, el 24 de febrero de 1989, en Atlantic City.

Estoy seguro de que pensaron que yo era una presa fácil y una oportunidad para que Barkley se hiciera un nombre zurrando a una leyenda fracasada, especialmente cuando me vieron en la primera conferencia de prensa cuando pesaba 227 libras, más que nunca. Pelearíamos en 160. Aquí vamos otra vez, pensé: perder setenta libras en dos meses y medio. De Cubas me dijo que fuera a Miami.

—Aquí te tengo todo —dijo—. Gimnasio, compañeros de sparring, lo que necesites.

Viví con un par de amigos en un apartamento cerca de Biscayne Boulevard. Mi viejo amigo Wiwa corría conmigo, cocinaba para mí y hacía las compras. Giovanni, Chaparro, Ramos y los otros manzanillos también estaban allí, pero sólo querían andar de fiesta e intenté ignorarlos tanto como pude. Entrené bien para esa pelea en el gimnasio Caron's, en un barrio dominicano, aunque de Cubas me envió algunos monstruos como sparrings y hacia el final, las sesiones de entrenamiento parecían peleas reales. Uno de ellos enfureció tanto porque lo golpeé que renunció.

Corría tres veces al día en el parque de al lado usando botas del ejército. A veces sólo podía correr muy lentamente, pero a medida que pasaban los días y las semanas el peso dejó de molestarme. Seguí corriendo con esas botas puestas hasta el día en que salimos para Atlantic City, y había corrido tanto en ese parque que desgasté la hierba y dejé una pista marcada. No quisiera poner un pie allí otra vez.

Lloré, estaba muy molesto. La gente estaba diciendo que la Comisión de Boxeo de Nueva Jersey estaba loca por permitirme luchar contra Barkley. Él era nueve años menor que yo y mucho más grande: 6,1 pies, mientras que yo medía solamente 5,7 pies y tenía un récord de 25–4 con 16 nocauts. De joven en Nueva York había pertenecido a una banda callejera, así que supongo que todo el mundo pensaba que era una mierda, alguien que podría imponerme su voluntad. A la mierda. No a mí. Muchísima gente estaba en contra de mí, en la radio y en los periódicos, y la mayoría eran panameños. Mientras corría por la mañana rezaba para que Dios me diera la fuerza para callarles la boca a todas esas personas.

También en Panamá estaban intranquilos.

—No dejes que tu padre pelee —le decían a Robin, que tenía ocho años—: Se va a hacer matar.

Sus maestros le dieron cartas para mí que decían cosas como «Durán, usted tiene una familia. Viva para sus hijos. No los deje huérfanos». Los periódicos difundían lo mismo y rápidamente todos pensaban igual.

—Ha pasado su mejor momento. Es un tipo viejo. Incluso los de mi esquina tenían dudas. — Tienes que boxear —me repetía de Cubas—. No aguantarás un mano a mano con él. Pega demasiado duro. Es demasiado fuerte.

Luego llegó la nieve. En el área de Atlantic City cayeron veintisiete pulgadas en la noche de la pelea. El día anterior había sido el cumpleaños de Fula y ella había llevado a los niños al malecón para que se relajaran. En el camino de regreso al hotel, se vieron atrapados en una tormenta de nieve y tuvieron que refugiarse por un tiempo en el vestíbulo de otro hotel. Cuando por fin llegaron al Trump Plaza, el encuentro en el camerino fue muy emotivo. Donald Trump vino a saludarme. Mis hijos estaban nerviosos, observando mientras me vendaban las manos. Robin no era el único que tenía dudas. Chavo estaba pensando en la forma en que Barkley había destruido a Hearns y Hearns habían destruido a su papá; y él había visto cuán alto y fuerte era Barkley. Todo eso me lo dijo tiempo después, no quería minar mi confianza.

Entonces un tipo tocó la puerta y me dijo:

—Durán, eres el siguiente. —Yo siempre era huraño y estaba de mal humor antes de las peleas. Esta vez también estaba cabreado pero, al mismo tiempo, completamente relajado, casi en un trance mientras repetía los mismos mantras:

Barkley no pertenece al mismo ring que yo.
No estoy acabado.
Yo no soy el más débil.

—¿Por qué están tan nerviosos? —dije, sin dirigirme a nadie específico en la habitación—. ¿Qué está sucediendo? ¿Quién va a morir? Relájense.

Pesaba 156 libras y estaba absolutamente confiado. Ese pedazo de mierda no iba a vencerme. Como de costumbre, Plomo me untó una grasa apestosa en el cuerpo, y cuando terminó empecé a boxear contra un enemigo imaginario. Posteriormente, de Cubas decía que yo había ido rejuveneciendo a ojos vista a medida que se acercaba la pelea; afirmó que lucía como el Durán que enfrentó a Davey Moore.

—¡Durán, vas a ganarle a ese hijo de puta! —gritaba.

Arum había puesto a todos los Olímpicos en la cartelera de esa noche, incluyendo a Michael Carbajal, Anthony Hembrick y el peso pesado Ray Mercer, si no estoy mal. El evento fue otro éxito de taquilla en el Centro de Convenciones, con 7500 aficionados gritando para que la pelea comenzara. Barkley también tuvo que perder mucho peso y lucía esbelto y entusiasmado. Era su primera defensa del título de los pesos medianos. Subí al ring con de Cubas y Mike Acri y les dije:

—Me voy a los palos con este negro.

Tan pronto sonó la campana le aterricé un disparo a la cabeza con mi derecha y luego retrocedí, cauteloso. Pude haberlo noqueado en dos o tres asaltos después de herirlo así, pero temía quedarme sin aire y necesitaba mantenerlo a raya.

—Si me canso —pensé—, este tipo se va a lanzar sobre mí como un huracán. Así que cambié el plan de ataque. Nunca dejé que su jab me tocara y, al mismo tiempo, eliminé su arma más poderosa: su mano derecha.

Regresé a la esquina después de ese primer asalto y comencé a pensar. En un minuto tienes que pensar en todo. Le dije a Plomo que iba a boxearle en lugar de ir por un nocaut rápido, y eso fue lo que hice. Él siguió lanzándome jabs pero lo mantuve bloqueado y contraataqué. Fui más paciente que en ninguna otra pelea, pasando los seis primeros asaltos a la espera de la oportunidad propicia para lanzarme sobre él. Mientras tanto, él siguió atacándome con algunos fuertes golpes al cuerpo, pero no me causó daños graves.

En el octavo asalto me golpeó fuertemente con un gancho que no vi venir. Me cogió desequilibrado y me hizo girar, con lo que el golpe pareció mucho peor de lo que era. Gané el noveno y el décimo, golpeándolo con algunas bombas.

Y luego Barkley salió lastimado en el decimoprimero. Debe haber sucedido algo que yo no había calculado, porque estaba desesperado. Él iba a intentar matarme o yo lo mataría a él; nos atacamos el uno al otro como locos hasta el minuto final del asalto, cuando lo cogí con un derechazo adelantado. ¡Bam!, estaba herido. Para mayor seguridad, lo seguí con una combinación de izquierda-izquierda-derecha. ¡Bum!, con treinta segundos para terminar el asalto, seguí atacándolo, buscando destruirlo. Lo golpeé con un volado de derecha, un gancho, un derechazo a la oreja, otro gancho y un cruzado. Hasta luego. Buenas noches. Barkley estaba en la lona y todo el mundo enloqueció.

Pero mi esposa no sabe lo que está sucediendo: una vez más está demasiado asustada para ver la pelea. Está hablando por teléfono con su madre en Panamá.

—Mamá, ¿cómo va la pelea? ¿Lo está golpeando? ¿Está ganando? Está perdiendo?

—¡Por Dios, Fula, estás en el estadio, ¡mira la pelea!

—¿Quién está ganando? ¿Quién está ganando?

—¡Lo derribó!

—¿Quién derribó a quién? ¿Roberto está bien?

—¡Derribó a Barkley!

El árbitro, Joe Cortez, empezó a contar.

—Uno, dos, tres...

Por último, Barkley se levantó al llegar a siete, pero estaba acabado. Ni siquiera supo a qué esquina debía ir cuando terminó el asalto. Lo que uno no ve en la repetición de la televisión, es que lo vi bambolearse y salté para golpearlo tan duro como pude para asegurarme de que cayera. Se las arregló para estar en pie para el decimosegundo asalto, pero yo sabía que lo tenía. Salté arriba y abajo, observándolo. Estaba derrotado. Lo que le había dicho a de Cubas era cierto: voy a descojonar a ese negro.

Gané por decisión dividida aunque, increíblemente, uno de los jueces tenía como ganador a Barkley. Era campeón otra vez. *Campeón.* Tan sólo el tercer boxeador —y el primer latino— en conquistar grandes títulos en cuatro categorías de peso. La revista *The Ring* la llamó la «Pelea del Año». Todo el mundo la había visto como un hombre de treinta y siete años luchando contra un monstruo, pero recuerdo que un reportero me preguntó en el ring después de la pelea:

—Roberto, su corazón y determinación son increíbles. ¿De dónde le vienen?

—De Panamá —le dije—. De la República de Panamá. Amo a Panamá. Amo a Miami. Amo a Estados Unidos. —Cuando me inspiraba mi país, nadie podía ganarme. Tenías que matarme.

Donald Trump entró al camerino y me invitó a una fiesta en la que él era el anfitrión, pero yo decliné respetuosamente. Cuando llegué a mi habitación del hotel, me llenaron la tina con hielo y champán, y los niños paseaban el cinturón de campeonato por todo el lugar. Hice 325 000 dólares por esa pelea y merecía más, pero en ese momento no era importante. Una vez más era campeón del mundo: eso era lo único que importaba.

En Panamá la gente enloqueció. Hubo fuegos artificiales en todo Ciudad de Panamá y coches llenos de gente, tocando las bocinas, ondeando banderas panameñas rumbo a mi casa, donde se alinearon frente a las fuentes de mármol coreando mi nombre. Alguien me dijo que el presidente tenía un avión esperando para llevarme a Panamá.

—No —les dije—. Voy a ir a Victor's Café. Y luego me voy a Miami. —Quería que esta fiesta fuera la más grande y larga de todas. Dediqué la pelea a todos los cubanos en Panamá y Miami, porque los panameños me habían tratado muy mal.

—Sabes, Durán, te amo y el pueblo cubano también —me dijo Víctor en Nueva York—, pero recuerda que tienes tu país.

—¿Y qué voy a hacer allí?

—Si quieres voy contigo, Durán. Cómo quisiera tener un país libre al que pudiera regresar. Por favor, prométeme que cuando Cuba sea libre irás conmigo.

—Por supuesto.

Un par de días más tarde llegamos a Panamá, pero Víctor se quedó en Nueva York. Hubo carnavales y fiestas por todas partes, sobre todo en mi casa. Estaba otra vez en la cima, y todos los manzanillos se estaban matando por convertirse en mi favorito. Luchaban entre sí como carroñeros para acercarse a la olla de oro; me atiborraban con todo lo que se les ocurría, incluyendo mujeres. También eran descarados, se aparecían en nuestras fiestas con putas. Fula obviamente lo notaba, pero a ellos no parecía importarles. Ella lanzaba a los manzanillos lo que encontraba: vasos, platos, una vez incluso una gran cadena, gritando:

—¡Saquen a esas putas de mi casa!

Alrededor de esa época llevé un barco de fiestas a Taboga, una isla a unas doce millas de Ciudad de Panamá, donde había alquilado cinco habitaciones para pasar el rato y parrandear. En el barco sólo cabían ocho personas, pero nos metimos como veinte: yo, los manzanillos, mujeres. De alguna manera, Fula se enteró de que estaba con «La China», mi amante del momento, y decidió hacerme una visita sorpresa. Les dijo a mis hijos y a algunos primos que iban de paseo a la playa. Los niños se entusiasmaron, pero Fula no tenía ninguna intención de ir a la playa. Llevaba una bufanda, gafas de sol y un sombrero para que la gente en el barco no la reconociera y, cuando llegaron al hotel, le dijo a los niños que jugaran con sus Nintendos porque tenía que bajar un momento.

Se enfrentó a mí, «La China» y los manzanillos en el bar. Mi amante intentó irse pero Fula le ordenó sentarse, nos observó a todos y nos hizo creer que tenía una pistola en su bolso. Yo le había regalado una pequeña pistola poco antes.

—¡Fula, no lo hagas! —le rogué insistentemente.

—Sólo se necesita un tiro —dijo—. Un tiro.

Por suerte, nada sucedió y al final del día los manzanillos y mi amante tuvieron que regresar a Ciudad de Panamá en el ferri. Yo regresé en mi barco con Fula y los niños, como si nada hubiera pasado.

Esa era nuestra vida. Complicada como siempre. Mi esposa tirándome de una manga, los manzanillos de la otra, y además el resto de mi familia...

Una noche, Pototo se metió en una pelea y tuve que rescatarlo. Alguien había llamado a los de antidisturbios, y mi hermano y algunos otros hombres fueron arrestados por alterar el orden público. Por suerte para él, llegué allí antes de que lo llevaran a la cárcel. Tan pronto los guardias me vieron, cambiaron su melodía, me pidieron autógrafos y posaron para que les sacaran fotografías conmigo. Y, lo más importante, retiraron los cargos contra Pototo.

Pero seguí siendo fiel a mí mismo: detrás de la locura que invadió mi vida desde que me hice famoso, realmente era el niño que siempre había sido. Recuerdo un día en particular en que llovía a cántaros y yo llevaba uno de los muy costosos pares de zapatos que le había comprado a Luis Gardini en Nueva York hacía tantos años: me habían costado entre 750 y 900 dólares. Me encontré con un viejo amigo mío, un locutor de béisbol, quien se detuvo y miró mis zapatos.

—Caray, Durán, esos zapatos son hermosos —exclamó—. ¡Te lucen! ¿Me los regalas?

—Quédatelos —le respondí y me los quité.

—Pero está lloviendo.

—No importa. —Mis calcetines se empaparon, pero me tenía sin cuidado. Probablemente me alegraba haberme deshecho de ellos y, así descalzo, me dirigí a un club nocturno. Me gusta hacer feliz a la gente y prefiero tener amigos que enemigos.

Esto incluye a mis oponentes. Hombres como el primero que me venció y volvió a entrar en mi vida ese año por razones inesperadas. En abril de 1989, un amigo me contactó:

—Durán, quiero que vayas a ver a Esteban de Jesús. Se está muriendo de SIDA, podría irse en cualquier momento. Significaría mucho para él. —No lo dudé y, junto con Giovanni y Wiwa llevé a mi hija Jovanna, que tenía catorce años en ese momento.

De Jesús había ido seriamente cuesta abajo desde la última vez que peleamos en 1978. Escuché que había estado muy deprimido después de perder esa pelea y empezó a fumar marihuana, inhalar cocaína y a inyectarse jeringas de cocaína y heroína. Luego, en 1980, le disparó a alguien a la cabeza y lo mató; lo sentenciaron a cadena perpetua por asesinato en primer grado. Después de que su hermano Enrique muriera de SIDA en 1985, Esteban también resultó positivo pues los hermanos habían estado compartiendo agujas. El gobernador de Puerto Rico había aceptado que fuera liberado para recibir tratamiento y ahora estaba en un hospital, que era más un centro para tratamiento de drogadicción, en una fábrica de leche abandonada en Río Piedras.

—Estoy esperando a conocer la voluntad de Dios —dijo en una entrevista de televisión—. Estoy en manos de Dios.

Cuando lo vi, sentí lástima. Estaba muy delgado y frágil, y no creo que pesara ni siquiera 100 libras. La última vez que lo había visto parecía un levantador de pesas; había sido un hombre muy fuerte, musculoso. Hablaba incoherentemente, sus ojos estaban llorosos y estaba fuera de sí.

Me incliné para abrazarlo, pero comprendí que podría lastimarlo si lo abrazaba muy fuerte, así que le di un beso en la frente.

—Tú siempre vas a ser mi campeón —le dije. José Torres, el exboxeador de Puerto Rico, también estaba allí y tomó una foto de mí abrazando a de Jesús que se hizo muy famosa. Jovanna se quedó en la puerta, aterrorizada ante la idea de contagiarse de SIDA si lo tocaba. En ese entonces la gente no sabía mucho sobre la enfermedad. Pero la hice entrar y ella también abrazó a Esteban.

Cuando se recobró un poco de las drogas que le daban, conversamos un rato. Estaba apenas consciente, pero sabía quién era yo. Y luego nos despedimos, sabiendo que nunca nos volveríamos a ver. Murió menos de una semana después. Tenía treinta y siete años. Terrible desperdicio de un brillante talento.

Esa visita me ganó un gran respeto, sobre todo de los puertorriqueños, pero no lo hice por eso. Simplemente quise ser respetuosos y honrarlo, porque ya no éramos rivales y quería que muriera sin dolor. Descanse en paz.

NUEVE

«UNO MÁS»

Yo TAMBIÉN NECESITABA HACER LAS PACES conmigo mismo. Leonard aún no había aceptado enfrentarme por tercera vez, una pelea que yo me había ganado nueve años antes cuando había vencido las probabilidades y le había ganado nuestro primer encuentro. Lo que no descubrí hasta mucho más tarde fue que Leonard seguía molesto por esa pelea, a pesar de que después me había ganado. Le molestaba que todos siguieran hablando de mí y sentía que yo no le tenía el suficiente respeto después de haberme ganado. Yo llevaba esperando casi una década: estábamos 1–1, y era lógico que nos enfrentáramos una tercera vez. Pero cada vez que se planteaba el tema, Leonard contestaba:

—Quiero pelear contra ti, pero tiene que ser en las 162 libras.

—¿Por qué tengo que pelear en las 162 libras si eres campeón en 168?

—Entonces no peleamos.

Después de ganarle a Barkley, de Cubas y Acri empezaron

a negociar con Bob Arum. Decían que habían hecho un trato con Shelly Finkel, quien estaba promoviendo a Leonard, para pelear contra él por doce millones y medio de dólares, pero después de que Leonard y Hearns empataron, el acuerdo se desintegró porque muchos pensaban que Leonard había perdido. Ahora, Arum me ofreció siete millones y medio de dólares, cosa que me cabreó: esa tercera pelea debería haber sido la mejor pagada de mi carrera. Fue todo un lío y las demoras confirmaron mi sentimiento de que Leonard todavía me temía, especialmente peleando en las 168 libras, que ahora era mi peso normal.

¡Chuleta! Iba a perder millones —una bolsa garantizada de siete millones y medio de dólares— si no peleaba en el peso que Leonard quería. Lo que empeoraba las cosas era que acababa de descubrir que tenía un gran problema con el Servicio de Impuestos, el IRS: un error de contabilidad había hecho que no pagara mis impuestos después de la segunda pelea con Leonard. No podía creerlo.

—No le debo nada a nadie —exclamé. Había confiado en la gente para que se encargaran de esas mierdas: mi trabajo no era lidiar con el papeleo, mi trabajo era boxear. Y me lo decían ahora, justo cuando había gastado casi todo el dinero que tenía. Todos se culpaban unos a otros, y afirmaban que era culpa mía por no haberme preocupado lo suficiente por esas cosas. Así que no tenía muchas opciones. Para pagar los impuestos tenía que pelear contra Leonard en las 162 libras.

Y las cosas siguieron empeorando. Como no leía en inglés, no supe hasta después que había firmado un contrato que decía que si estaba con sobrepeso, perdería un millón de dólares por cada libra de más. ¡Malditos! Pero al final llegué al peso y el que las vio muy difíciles fue Leonard, que llegó con 160 frente a mis 158.

La pelea tendría lugar el 7 de diciembre de 1989, en el Mirage en Las Vegas. Como era de esperar, el lema que usaron los promotores fue «Uno más».

Así que Leonard y yo volveríamos a ser rivales, no sólo cara a cara en el ring, sino también como adversarios de países que no se gustaban entre sí. En el periodo previo a la pelea, mi país no estaba en un buen momento políticamente. Estados Unidos quería derrocar al general Manuel Noriega, quien ya había sido acusado en Estados Unidos por cargos de tráfico de drogas. Lo acusaban de suprimir la democracia y poner en peligro a ciudadanos estadounidenses; para ejercer presión, impusieron sanciones económicas. En octubre de 1989 apoyaron un golpe de estado para tratar de derrocarlo. No funcionó, pero los estadounidenses siguieron tratando de sacarlo y eso nos enfurecía a nosotros los panameños. La gente buscaba cualquier excusa para humillar a Estados Unidos y yo no necesitaba una segunda invitación.

—Por Panamá voy a vencer a este charlatán —afirmé en un anuncio de televisión que se emitió en mi país. También les dije que fueran inteligentes y apostaran por mí.

Para entonces ya no había el mismo odio que había existido entre Leonard y yo en el pasado; había pasado mucho tiempo y nos habían sucedido muchas cosas a ambos. Nos llevábamos bien. Estuve bebiendo champán con él y su hermano antes de la pelea, pero en público teníamos que mantener la rivalidad debido a la tensión entre nuestros países.

En los barrios en Panamá se instalaron pantallas gigantes para que el pueblo panameño pudiera verme pelear. Al mismo tiempo, los medios de comunicación advirtieron a la gente que estuviera alerta ya que esta sería una excelente oportunidad para otra invasión por parte de las fuerzas de Estados Unidos. Pero muchos de los 12 000 soldados estadounidenses estacionados en Panamá estarían haciéndole barra a Leonard. Por entonces se vendía un recuerdo popular que era una gorra de béisbol con mi nombre y los cuatro títulos de boxeo bordados en ella. Les dije a los periodistas que iba a añadir un quinto título. Por una vez Fula decidió que se sentaría en primera fila, junto con mi madre: una de las raras ocasiones en que salió de Panamá para verme pelear.

De todas las peleas que he tenido en mi carrera, esta fue la más extraña. Me sentí agotado incluso antes de llegar al ring. Cuando salía del camerino, le dije a de Cubas:

—No siento las manos. —Me las habían vendado demasiado apretadas. Ese fue el primer error cometido en mi esquina. Yo tampoco había tenido en cuenta la temperatura: el frío era terrible esa noche —menos de cuarenta grados Fahrenheit— y subí al ring con una bata de seda. Era muy bonita, con mi nombre bordado en la parte posterior, pero me estaba congelando con el sudor del calentamiento secándose en mi cuerpo. Por el contrario, Leonard salió con una parka larga y su esquina lo arropaba con una manta entre asaltos. En mi esquina, Carlos Hubbard y Plomo hicieron lo que sabían hacer y me pusieron hielo, como de costumbre.

No lo noté hasta que estuve en el ring, pero entonces me di cuenta de que mi vista no era la misma, que no podía ver los golpes venir y, aunque Leonard pasó la mayor parte de la noche boxeando y corriendo, y yo lo golpeé duramente, no estaba acostumbrado a esa sensación de no poder ver de dónde vendría el siguiente golpe. No sentía arrepentimientos por mi vida fuera del ring, pero por primera vez sentí que mi edad me había cogido ventaja. Mis piernas estaban pesadas y no lograba bailar, sin importar cuánto me esforzara.

Al final, perdí por decisión unánime, a pesar de que en el decimoprimero había cogido a Leonard con un fuerte disparo al ojo izquierdo que lo hizo sangrar. Dos de los jueces dieron un margen de diez puntos a favor de Leonard. El otro le dio un margen de cinco puntos, así que Leonard retuvo su título de pesos medianos (160 libras) del CMB.

Leonard fue amable, y afirmó que había peleado contra un hombre de treinta y ocho años. Es un veterano pero, a pesar de ello, peleó. Las estadísticas de golpes dicen que lanzó 150 golpes menos que yo (438–588), pero conectó muchos más (227–84). Al final, muchos de los 16 305 aficionados presentes esa noche abucheaban y consideraban que no había sido una buena pelea. Algunos escritores estuvieron de acuerdo con ellos. Uno de ellos la llamó un «vals lento y desapasionado... Los escasísimos destellos de brillantez de Leonard fueron suficientes para ganar por decisión sobre Durán, quien parecía casi indiferente». No era indiferencia. Simplemente ya no era el mismo boxeador, ya no tenía ese fuego dentro de mí.

—Él no ganó esa pelea —dije en la conferencia de prensa—. Mírenle la cara. Se va a acordar de mí durante mucho tiempo.

Muchos estuvieron de acuerdo conmigo. «La sangre escurría de una gran herida sobre su párpado izquierdo —escribió Pat Putnam en *Sports Illustrated*—. Sus labios estaban ensangrentados a causa de dos cortes dentro de la boca. Más sangre brotaba de otro corte en su ceja derecha. Excepto por la felicidad que emanaba de sus brillantes ojos marrones, tenía el aspecto de un chico al que acaban de asaltar en un estacionamiento».

Pero yo tenía peores problemas que enfrentar esa noche. Me echaron una historia de mierda, pero todavía no sé lo que realmente ocurrió. Todo lo que sé es que al final de la pelea en que me darían 7,1 millones de dólares, recibí 2 o 3 millones, el resto fue a parar al IRS. Era eso o ir a la cárcel. Ahora estaba libre de la deuda y podría seguir con el resto de mi vida.

Eso no fue todo. Después de la pelea, llamaron a de Cubas del Tropicana Hotel, donde estábamos hospedados, para decirle que tenían un problema:

—Un par de tipos han sido arrestados porque había sangre en la bañera. Parece que asesinaron a alguien.

—No comas mierda —exclamó de Cubas—. Es una chorrada. La sangre es de los pollos que mataron para la santería, para ayudar a Durán. —Era una típica tradición de la santería: ofrecer un sacrificio a los dioses a cambio de su ayuda.

Mi recepción en Panamá fue bastante discreta, tanto por el resultado de la lucha como porque la gente tenía cosas más serias en mente, como si íbamos a ser invadidos. Regresé a tiempo para la fiesta de quince años de nuestra hija Jovanna. Su cumpleaños era el 10 de diciembre, pero lo celebramos el 16. Fula preparó todo en Miami, incluyendo las fotos, los centros de mesa, los zapatos, pendientes y los vestidos para las otras chicas, que la tía de Fula después arregló. Llevamos un chef de Miami que preparó la comida para 800 invitados en el Centro de Convenciones del Marriott en Panamá. ¡Tal vez había perdido frente a Leonard, pero aún sabía cómo pasar un buen rato! Hasta el día de hoy, los amigos de Jovanna dicen que fue la mejor fiesta de quince años en la historia de Panamá.

Y luego, el 20 de diciembre, Estados Unidos nos invadió. Yo estaba en El Chorrillo en ese momento, en mi coche con unos 3000 dólares en el bolsillo, viendo pasar los camiones del ejército estadounidense que buscaban al general Noriega. Pero debido a que no prestaba mucha atención a las noticias, no había oído que estábamos siendo invadidos, así que seguí mi camino para reunirme con unos amigos para ir a beber. Cuando llegué al bar no había nadie. Salí y vi todo tipo de luces en el cielo: azules, rojas, blancas. Todo el mundo gritaba «¡Invasión!».

Al día siguiente nos quedamos todos juntos frente al televisor y vimos el desarrollo día y noche de la mayor desgracia en la historia de nuestro país. Cientos de personas murieron, las casas fueron saqueadas. Los funcionarios afirmaron posteriormente que 10 000 personas quedaron sin hogar después de la invasión, que terminó con Noriega capturado y extraditado a Estados Unidos. Pero, para mí, lo más triste fue lo que pasó en mi barrio de El Chorrillo. La zona sufrió muchos daños. Manzanas enteras de la ciudad fueron incendiadas por las tropas estadounidenses para cortar las posibles rutas de escape de los soldados panameños.

Pero nuestros problemas eran mínimos en comparación con los de muchos otros. Muchos amigos de Jovanna habían venido desde Estados Unidos para su fiesta y ahora no podía abandonar Panamá. Las tiendas fueron asaltadas y las calles se convirtieron en zonas prohibidas. Incluso en casa hubo problemas: no pudimos encontrar un registro del dinero que Jovanna había recibido de regalo y es probable que parte de él haya sido robado en el caos.

Con la televisión y el radio encendidos todo el tiempo, cada vez me sentía más paranoico acerca de lo que iba a suceder en el país. Me preocupó tanto la situación financiera que fui al banco donde tenía mi dinero y saqué 275 000 dólares. Lo puse en una maleta para llevarlo conmigo a Miami. Tan pronto como se levantaron las restricciones de viaje registré la maleta en el aeropuerto pero, cuando aterricé en Miami, había desaparecido. Nunca la encontré y sigo sin saber si uno de los manzanillos tuvo algo que ver o si fue un error de la aerolínea. Sin embargo, todavía tenía algo de dinero en el banco y, tan pronto pudimos, salimos de Panamá y nos establecimos en Miami. Saqué algo más de dinero pero esta vez lo escondí debajo de la cama para tenerlo disponible para fiestas. El resto se fue rápidamente en una nueva casa y un auto nuevo para dar cierta estabilidad a los niños.

Aunque no había pasado mucho tiempo con los niños, siempre había sido estricto con ellos. Ahora que estábamos en Miami pasé mucho más tiempo a su lado, lo que me permitió vigilarlos más de cerca y asegurarme de que se portaban bien.

—Es amigo de Chavo —decían Jovanna o Irichelle cuando intentaban colar novios en la casa, pero yo no era tonto y lo único que tenía que hacer era lanzarles «la mirada», esa que le lanzaba a mis oponentes en el ring, que era bastante intimidante, y ellos entendían que no podían engañarme.

En el segundo año de secundaria, las muchachas comenzaron a ir a discotecas.

—Tienes que estar de regreso a la una —les decía—. Un minuto tarde y tendremos problemas. —A veces llegaban un poco más tarde, tal vez a la 1:15, se quitaban los zapatos e intentaban colarse silenciosamente por el garaje. Pero las esperaba sentado adentro y encendía una linterna cuando entraban:

—¿A qué hora te dije que regresaras? Quedas castigada por un mes y, cuando vuelvas a salir, quiero que me llames cada hora.

—¿Cada hora? —preguntaban horrorizadas.

—Sí.

No me importaba que tuvieran novios pero, si esos muchachos se pasaban de la línea con mis hijas, los amenazaba con matar a toda su familia. Creo que entendían lo que les decía: después de esas charlas, no solíamos tener muchos problemas.

Yo había procurado que las niñas fueran a una escuela privada, pero cuando el dinero escaseó tuvimos que matricularlas en escuelas estatales. Aun así, seguíamos siendo los Durán y la gente nos miraba boquiabierta: ¡quién más tenía hijos que llegaban a la escuela en una limusina con un bar adentro! A los niños eso los avergonzaba y le pedían a nuestro conductor que los dejara en el callejón junto a la escuela.

Era la misma limusina que me llevaba a los clubes nocturnos en Miami: recogía a mis amigos —a veces en pantaloneta—, llenábamos el bar con whisky y champán, y recorríamos clubes como Papa Grande en Coral Way y Douglas, Honey for the Bears en la avenida 27 suroeste, Mystique en el suroeste del condado Dade y el club en el Days Inn en Le Jeune. Aunque el plan era sobre todo beber y estar con mujeres, a veces subía al escenario, cantaba y tocaba las percusiones. Al final de la noche llevábamos algunas chicas a la limusina y le decía al portero:

—No deje que nadie se acerque al auto. —Y ya se imaginará lo que sucedía después: una gran fiesta. Yo era el rey de Miami.

Mientras las cosas seguían complicadas en Panamá, muchos de mis amigos se trasladaron a Miami, con lo cual pude revivir la idea de la orquesta de salsa. Reuní un grupo temporal llamado Los Tres Robertos y tocamos en algunos clubes del sur de Florida, incluyendo el Club Tropigala del Hotel Fontainebleau. Era una forma divertida de hacer dinero otra vez. Los otros dos Robertos, Roberto Ledesma y Roberto Torres, eran estrellas internacionales, cantantes latinos que tenían seguidores, discos y una reputación. Pero al público también le encantaba verme a mí: aparecía de último mientras la banda tocaba el tema de *Rocky*, con cuatro cabareteras que me seguían en el escenario con grandes tocados. Yo lucía una túnica blanca que eventualmente descartaba y le gritaba a la multitud: «¡Vamos a bailar!», mientras la música se animaba.

Aún teníamos la casa en Cangrejo, Panamá, pero cada vez era más difícil mantener ambos lugares, especialmente con el hermano de Fula llamando siempre a decirle que necesitaba dinero para esto y dinero para lo otro. Ella le enviaba el dinero, pero llegó el punto en que no pudimos pagar las cuentas, y no fue ninguna sorpresa cuando perdimos la casa en Miami y tuvimos que trasladarnos a un hotel en la avenida 72 hasta encontrar otro lugar para arrendar. Era la misma historia de siempre: yo estaba corto de dinero, pero insistía en ofrecerle a la gente un buen rato. Fula seguía yendo a casinos. Los gastos permanecían iguales, pero nuestros ingresos disminuían cada vez más. Yo sólo conocía una única solución y era volver a ponerme en acción.

De Cubas y Acri por fin me programaron una pelea contra Pat Lawlor en la cartelera de Mike Tyson contra «Razor» Ruddock en el Mirage. Me pagarían 250 000 dólares y establecimos nuestra sede en el gimnasio Caron's. Un día, de Cubas me dijo que fuéramos a ver a Mickey Rourke. Yo lo conocía como el actor que se creía boxeador; ahora se había separado de su esposa y estaba durmiendo en el gimnasio. Obviamente, quería pelear conmigo. El problema fue que no calenté bien y me dañé el hombro izquierdo boxeando con él. Pero también cogí una extraña fiebre que no lograba sacudirme. Pensé que iban a suspender la pelea, pero resultó que yo no era el único con problemas económicos. Uno de mis entrenadores también estaba en la mierda: se había metido en un negocio de lavado en seco en Nueva York y había comprado entre diez y quince máquinas de lavandería que debía pagar después de la pelea.

—Tienes que pelear —me dijo—: No voy a perder ese dinero. —Parte de mí no podía creer que mi carrera de boxeador hubiera llegado a esto: a subir al ring para pagar unas máquinas de lavandería.

La de Pat Lawlor debería haber sido una pelea fácil: yo era el favorito por ocho a uno, pero llegué a ella con fiebre y con el hombro izquierdo en mal estado, lo cual significó que tuve que abandonar mi plan de pelea y perdí por nocaut técnico en el sexto asalto cuando no pude seguir peleando. El doctor dijo que también me había desgarrado el bíceps cerca del hombro izquierdo. Aunque tenía sólo un brazo útil, pensé que podría pelear. Algunas personas del mundo del boxeo hablaron de otro «No más», pero eso era una chorrada. Lawlor no me venció en mi mejor momento. Prometí al mundo que otra sería la historia cuando estuviera sano y lo enfrentara en Panamá.

La curación de la lesión en mi hombro izquierdo —mi manguito rotador— tomó un tiempo y no pude pelear en dieciocho meses. Así, de Cubas y Acri me involucraron en promociones con USA Network, que estaba empezando a organizar peleas los martes por la noche, muchas en el casino en Bay City, Misisipi. No me pagaban mucho —entre 50 000 y 75 000 dólares, menos gastos y honorarios del mánager—, pero enfrenté a tres contrincantes, comenzando por Jacques LeBlanc en junio de 1993. Era mi tercera década en el ring de boxeo.

Los escritores de boxeo estadounidenses ya no me llamaban «Manos de Piedra»; ahora se burlaban de mí llamándome «Barriga de Gelatina». Tal vez fue el mismo LeBlanc quien inventó el apodo como parte de la promoción antes de la pelea, pero era demasiado cobarde para admitirlo.

—Tiene muy poco respeto al maestro —dije—. Y, puesto que ha estado diciendo cosas, pagará por ello. Yo estaba en buena forma para esa pelea y gané por decisión unánime en diez asaltos.

Me divertí allá con todos esos vaqueros y pueblerinos. Las boletas para las peleas siempre se agotaban, con cerca de 5000 personas en el estadio, y yo solía sobreactuar para ellos luciendo una bandera confederada en el ring. Pero no estaba contento con el dinero; una noche cuando estaban pagando a los boxeadores en la oficina del casino recuerdo haber gritado «¡Ladrones!» a de Cubas y a Acri, pero siempre volvíamos a reconciliarnos.

Ellos estaban tratando de revivirme y conseguir que me pagaran grandes sumas de dinero otra vez, pero no querían asumir ningún riesgo, así que escogían contrincantes con los que no hubiera pierde. Durante ese tiempo tal vez no estaba entre los primeros cuatro o cinco en mi categoría de peso, pero aún era competitivo, aún podía pelear, aunque sabía que estaba en decadencia y que los días de romperme el culo para hacer el peso para una pelea de campeonato habían terminado.

El 14 de diciembre de 1993, enfrenté a Tony Menefee en lo que sería la centésima pelea de mi carrera. Con cuarenta y dos años, estaba luchando contra un chico que tenía la mitad de mi edad y era sobre todo un boxeador de club que hacía un par de cientos de dólares cuando peleaba. Tenía edad suficiente para ser su padre y eso era bastante deprimente. Ni siquiera yo había imaginado que seguiría boxeando a esa edad.

Casi me zafo de esa pelea porque no me sentía bien y retrasé el viaje a Misisipi hasta dos semanas antes, lo que significó que el cambio de clima me afectó. Me resfrié y el día antes de la pelea tenía una temperatura de 102 grados Fahrenheit, pero decidí pelear porque la gente del Casino Magic y Misisipi había sido buena conmigo. Además, el encuentro ya había sido aplazado de noviembre a diciembre porque yo había tenido una lesión en un nudillo y eso habría hecho muy difícil volver a programarla.

Menefee pensó que podría vencerme porque era viejo, pero lo que había perdido en velocidad lo compensaba con la experiencia, y no había forma de que su estilo de correr y agarrarse le funcionara conmigo. Cuando tocamos los guantes, pude ver que temía a este anciano. Lo que no entendió hasta que fue demasiado tarde fue que la gente como yo, que no tenía nada que perder, que sólo quería sobrevivir, era la más difícil de vencer. Después de lo que yo había vivido, preferiría morir en el ring que ser derrotado. Y nadie sabe lo que es esa experiencia hasta que la vive. Nadie te la puede enseñar y no puedes entrenar para ella pero, después de los puños, es el arma más poderosa en el ring.

Gané por nocaut técnico en el octavo asalto. Lo castigué con dos derechazos, luego con una ráfaga y tuvo que tomar un conteo de protección de pie hasta ocho. Yo fui el que detuvo la pelea: no quería lastimar más al chico –era un boxeador joven—, así que miré al árbitro. Los aficionados abuchearon, pero fue la decisión correcta.

—Si no hubiera detenido la pelea, lo habría matado —dije luego. Fue mi victoria número noventa y uno y mi sexagésimo tercer nocaut. Le dije a la gente que me sentía otra vez como un jovencito.

En 1993 fue seguro volver a Panamá, aunque le tomó años al país recuperarse plenamente del caos que dejó la invasión de Estados Unidos, y regresamos a Cangrejo. Se suponía que sería un buen regreso a casa pero se convirtió en una pesadilla. La casa estaba descuidada y vacía. Mi cuñado, que se había alojado allí mientras estábamos en Miami, había vendido todo. Las cuentas no se habían pagado, no había muebles, electricidad ni agua. Había estado usando el dinero que yo le enviaba —dinero que supuestamente era para cuidar nuestras cosas en Panamá— para apostar y, tan pronto escuchó que estábamos en camino, desapareció. Resultó que había vendido incluso mis cinturones de campeonato y mis armas. Estaba tan enfurecido por lo que había hecho que mis hijos temieron que lo matara. Logré controlar mis emociones delante de ellos, pero quería venganza. Sin embargo, lo único que podíamos hacer era presentar una denuncia a la policía y, mientras tanto, tratar de organizar nuestras vidas. Los niños tenían que ducharse en casa de sus amigos pues no tuvimos agua caliente durante meses. Éramos una familia orgullosa y tratamos de mantener todo esto entre nosotros, pero fueron tiempos muy difíciles.

Comencé a pensar en hacer cosas fuera del boxeo. Anuncié que me iba a presentar para el Senado en Panamá: fue idea de mi madre, una forma de sacarme del ring de una vez por todas. Conoces a la gente, me decía. Yo sabía lo que era ser pobre y la gente necesitaba a alguien como yo. No debí haberla escuchado ni haber dejado que mis amigos me convencieran de presentarme como candidato. Pero le había hecho una promesa a mi madre y no iba a faltar a mi palabra. Así que decidí postularme en las elecciones de mayo de 1994, para representar a El Chorrillo.

También me prometí que quería ganar mi sexto título mundial. Tras vencer a Menefee, firmé para mi primera pelea en Europa, en Marsella en el sur de Francia, contra Carlos Montero.

Estaba más ocupado que nunca, yendo y viniendo entre Miami y Panamá mientras trataba de poner en marcha mi carrera política. Mi hija Jovanna quería volver a Miami porque tenía un novio en la escuela secundaria; de alguna manera conseguimos reunir suficiente dinero para alquilar un apartamento en Miami Lakes, y ella se quedó allí conmigo.

Armamos campamento en el DiLido Hotel en Miami Beach. Me gustaba correr por la playa y un día se me acercó un tipo gritando:

—¡Dame tu dinero! ¡Dame tu dinero!

—No tengo dinero.

Me persiguió y me lanzó arena a los ojos. Me cubrí, esperé a que se acercara y, ¡bam! , lo derribé. Pero, cuando le pegué, el callo que tenía en mi mano derecha por el entrenamiento se abrió y comenzó a sangrar. El tipo debía estar drogado porque se levantó inmediatamente como si no estuviera herido. ¡Chucha la madre!

—¿Quieres boxear? —gritaba—. ¿Quieres boxear? —Y comenzó a moverse como si boxeara con un contrincante imaginario. Así que lo golpeé nuevamente. Cayó. Me volvió a arrojar arena en los ojos. ¡Bam!, corrí de regreso al hotel y me quedé en mi habitación pues desde mi ventana vi que volvía con un montón de tipos.

En Francia conseguí un doctor que me cosió la mano para poder pelear y vencí a Montero por decisión en diez asaltos, mi sexta victoria consecutiva. Luego la convertí en siete al vencer a Terry Thomas en Casino Magic, en marzo de 1994. Nuevamente estaba escalando la montaña.

DIEZ

LA
LUCHA
POR
CINCO

LA LLAMABAN «La Leyenda versus El Comeback Kid». Iba a pelear contra Vinny Pazienza en Atlantic City, por el título supermediano del IBC, el 25 de junio de 1994 en el MGM Grand de Las Vegas. Y pagaban bien: 500 000 dólares.

Pazienza me había irrespetado llamándome feo, no mejor que un perro.

—No habla bien inglés —dijo en una conferencia de prensa—, pero te apuesto que puede boxear como un pastor alemán. —Amenazó a de Cubas. Le faltó al respeto a mi país y me llamó cobarde y derrotista—. ¿Con quién más ha peleado aparte de Leonard? —preguntó a los reporteros—. Con tipos como Kirkland Laing. Por favor. —Ciertamente parecía hinchado y hacía amistad con obsesivos de los músculos. Sonreí y le recordé a los reporteros que, en 1991, Pazienza se había roto el cuello en un accidente de coche:

—Le voy a romper el cuello otra vez.

Había perdido un mes de entrenamiento mientras me

presentaba al Senado. Es cierto lo que dicen: la política es más sucia que el boxeo. Pensé que podía participar en política sin involucrarme en la corrupción que habíamos visto en Panamá durante años. Perdí las elecciones y juré nunca volver a perder tiempo de esa manera.

Pero me sentía bien. Subí al ring llevando una gorra de béisbol que tenía un letrero que decía MAESTRO: iba a darle una lección a ese chico. Yo venía como excampeón, con 564 asaltos de experiencia profesional en el ring; él era un mocoso. La lección comenzó cuando lo derribé al final del segundo asalto, pero el árbitro dijo que había sido un resbalón. En el tercero le corté el labio y luego, en el quinto, lo tumbé de un derechazo. Al final de la pelea sangraba en la frente y era un desastre total.

Sabíamos que iba a utilizar guantes Reyes, que tienen cordoncillos altos, para rastrillarme la cara, pero lo único que logró hacer fue cachetearme con un par de golpes a lo loco. Ayudó que nosotros habíamos pedido un cuadrilátero de dieciocho pies para evitar que corriera mucho y así poder trabajarlo correctamente. Después de la campana siguió golpeándome, hablando basura. Me sacó la lengua como un bebé y sostuvo la cuerda con una de sus manos, pero yo ignoré todas sus tonterías.

Pensé que lo había superado en golpes, y al final del decimosegundo asalto mi esquina me levantó en hombros. Cuando el anunciador dio a Pazienza como ganador levanté las manos disgustado.

—Si este chico es tan duro —exclamé después—, miren su rostro y miren el mío. ¿Qué hizo él? Dar cachetadas toda la noche. No perdí la pelea. La decisión me enfurece y este niño me las pagará.

Después de la pelea me senté en una mesa con Tommy Brunette, un promotor de boxeo de Minnesota que había estado en el negocio durante años, y jugamos dominó y bebimos cerveza durante mucho tiempo. Cuando terminamos, nos habíamos tomado dos cajas y media. Al menos yo estaba entumecido por todos los golpes que recibí en la pelea.

No tuve que esperar mucho para vengarme de Pazienza. En octubre vencí a Heath Todd, y luego se programó la revancha para enero de 1995 en Atlantic City. Otra buena bolsa: 615 000 dólares.

Antes de la segunda pelea contra Pazienza, Charlie Sheen vino a visitarme —todavía había un montón de estrellas de Hollywood interesadas en una leyenda del boxeo como yo—. Una vez había disfrutado de las distracciones ofrecidas por todos estos actores y actrices, pero ahora no me interesaban. Vinny Pazienza seguía siendo un payaso y un bocazas, y yo quería silenciarlo.

—La última vez lo zurré —dije a los periodistas—, pero esta vez lo voy a mandar al hospital. Van a tener que ponerle una inmensa curita en la cara.

Ahora quería aún más molerlo a palos, pues además le había faltado al respeto a mi hijo Víctor, que entonces tenía solamente tres años. Se refirió a él como un «niño estúpido», aunque más adelante intentó desembarrarla llamándolo «adorable niño estúpido». Uno no habla así de un niño de tres años. Eso me hizo querer destruirlo aún más.

Fue una pelea más dura que la primera. Yo estaba más lento, y uno de los locutores me llamó «Pies de Piedra». Cuando faltaban unos veinte segundos para terminar la pelea, Pazienza se desgarró un cartílago de la costilla al lanzar un golpe, pero ya era demasiado tarde. Ganó por decisión unánime. Pero yo seguía en pie al final, aunque Pazienza dijo que me había aterrizado algunos golpes que habrían derribado un muro.

También dijo que debería dedicarme al golf, lo cual me enfureció porque demostraba que seguía sin sentir ningún respeto por mí. Pero yo no tenía ninguna intención de retirarme y ese año peleé dos veces más, ambas victorias por nocaut técnico. Noqueé a Roni Martinez en Kansas City, como parte de la cartelera de «Tommy» Morrison y «Razor» Ruddock. Luego peleé en el sur de la Florida, en el Fort Lauderdale Memorial, y noqueé a Wilbur Garst en cuatro asaltos. Santiago Samaniego, mi primo, que era peso mediano junior, también peleó en esa cartelera. Después llegó a ser campeón del mundo.

Todavía soñaba con ganar ese quinto título mundial, pero cada vez me era más difícil llegar al peso y tener la fuerza de voluntad para seguir entrenando. A pesar de que sabía que me estaba haciendo la vida más difícil, no podía evitarlo, y seguía con mis trucos de esconder cosas debajo de la cama: Coca-Cola, barras de chocolate Crunch de Nestlé, y el resto de las cosas que todos mis entrenadores han tratado de prohibirme. Y entre más viejo me hacía, más difícil era bajar las libras de más. Pero esos eran mis hábitos y no había posibilidad de que cambiara. Había estado intentando llegar a 165 libras de peso, y dos semanas antes de una pelea todo el mundo pensó que íbamos bien porque estaba en 172. Pero luego me subía a la báscula y ya estaba en 175. Plomo y mi hijo Robin, que ahora estaba en mi equipo, sospechaban.

—¿Qué sucedió?

—La báscula debe estar dañada.

No, las básculas estaban bien. Sencillamente, Plomo y Robin no podían vigilarme veinticuatro horas al día. Era un gran boxeador, pero también era muy bueno escondiendo las cosas que quería. No podía evitarlo. A veces me levantaba en medio de la noche, abría la nevera y me comía todo lo que había dentro.

Al final conseguía llegar al peso, pero estaba tan deshidratado que tenía que rehacer mis fuerzas: dos litros de Coca-Cola, cinco botellas de Gatorade. Robin me decía que no me excediera, pero yo no lo escuchaba. Café, Coca-Cola, leches malteadas, pastas, filetes... a veces quedaba tan lleno que tenía que vomitar. Antes de una de esas peleas en el sur de la Florida, incluso empecé a vomitar de camino al ring.

Pero al menos hubo algunas buenas noticias en ese tiempo. En noviembre de 1995, por fin recuperé mis cinco cinturones de campeón mundial de boxeo. Habían sido recuperados en Miami por agentes del FBI: un tipo llamado Luis González Báez se los había comprado a mi cuñado e intentó venderlos en una tienda de recuerdos deportivos en Nueva York por 200 000 dólares. Afortunadamente para mí, el dueño de la tienda estaba cooperando con el FBI en otra investigación, y me dieron el chivatazo. González Báez aseguró que yo se los había entregado porque le debía dinero.

Mi cuñado estuvo algún tiempo en la cárcel por eso pero, como la ley en Panamá dice que no se pueden presentar cargos entre parientes, lo soltaron después de un tiempo. Fula aceptó toda la culpa; sabía que podría haberlo matado. Pero hay que ver lo que nos había hecho a mí y a mi familia.

CUANDO VENCÍ A RAY DOMENGE por decisión unánime en Miami, en febrero de 1996, era mi tercer triunfo consecutivo después de perder por segunda vez contra Pazienza. Y ahora estaba de regreso donde quería estar: persiguiendo otro campeonato. Esta vez fue contra Héctor «Macho» Camacho en Atlantic City en junio de 1996, por el vacante título de los pesos medianos del IBC. El IBC era un organismo regulador relativamente nuevo, fundado en 1990, independiente de los «cuatro grandes» que dominaban los rankings de boxeo. La lucha fue llamada «Leyenda a leyenda, Camacho versus Durán», en una cartelera que también contaba con Buster Douglas, quien recientemente había causado un gran malestar al vencer a Tyson en Japón. Yo tenía cuarenta y cinco años, ¿y qué? Iba pasando todas las pruebas: no sólo tenía el cuerpo de un hombre joven, uno de los médicos me dijo antes de la pelea que también tenía un cráneo muy grueso, así que no había manera de que me impidieran pelear.

Camacho intentó intimidarme mientras estábamos promoviendo el encuentro, me mandaba videos en los que me decía que yo nunca sería como Muhammad Ali, que nunca sería como Sugar Ray Leonard y, por supuesto, hablando tonterías sobre el Macho Man.

—Estoy jugando con su cabeza —le decía Camacho a la gente—. Va a perder tal como yo perdí frente a Julio César Chávez, como un campeón. Pero la conclusión es que la realidad le va a dar una bofetada en la cara.

Me reí, ¿qué más podía hacer? ¿Por qué iba a preocuparme por que un tipo al que le encanta bailar en el ring, hablara mierda de mí? Le dije que esperaba que no cantara cuando peleáramos. Cantaba pésimamente.

Durante la semana de la pelea, Camacho de hecho le dijo a un reportero del *New York Times* que lloraba porque me burlaba de él. Él había crecido teniéndome como su ídolo:

—Me lastima la forma en que está actuando. Él sabe que soy un chico recto. Payaseo con mis amigos. Pero intenté ser discreto con él y ahora me persigue. Cuando mi adrenalina sube tanto, estoy acostumbrado a darle rienda suelta. Nunca quise ser malo como él —aseguró. Tal vez, más bien debería haber tomado clases de ballet.

Peleamos a 160 libras. Antes de la pelea, en una encuesta entre veintidós escritores de boxeo, diecinueve daban la victoria a Camacho. Pero entrené bien y llegué a Atlantic City tres días antes, sintiéndome muy bien y pesando 157 libras. De Cubas estaba tan seguro que apostó 5000 dólares a mi favor; fue la única pelea a la que le apostó en su vida. Yo era el perdedor esperado por siete a uno.

Y nos enfrentamos. Camacho no lucía como una bailarina la noche en que peleamos, pero sí llegó con un ridículo traje egipcio. ¿Quién se creía que era? ¿Tutankamón? Yo me había rapado para demostrar a la gente que, a pesar de que tenía cuarenta y cinco años, me tomaba en serio esa mierda. Después de que el árbitro nos dio las instrucciones, él se rehusó a tocar los guantes. Yo estaba listo.

Enseguida, Camacho comenzó a jugar palmitas con su jab mientras yo lo mataba a punta de golpes al cuerpo. ¡Bum!, ¡bum!, ¡bum! La mayoría de sus jabs nunca aterrizaron, pero yo podía sentir que mis golpes a su cuerpo estaban haciendo daño. También mis derechazos.

Después del quinto asalto cogí fuerza y me convertí en el único hombre en el ring. Pensé que había ganado por lo menos siete de los doce asaltos. Él nunca me hizo daño, y lo único que podía ver eran verdugones en su cara y cuerpo.

Al final nos abrazamos por respeto. Nuestros esquineros nos levantaron a ambos en el aire para celebrar la victoria. Yo estaba seguro de haber ganado. Y luego leyeron las tarjetas de puntuación de los jueces.

Fue una decisión unánime: 115-113, 116-113, 117-111.

De Cubas estaba cabreado, tal vez porque perdió todo ese dinero. Mientras el anunciador entrevistaba a Camacho, le gritó:

—¡Durán ganó esa pelea! —Incluso Leonard la llamó una decisión horrible y «un prematuro regalo de Navidad» para Camacho. El anunciador dijo que yo estaba empañando mi recuerdo y legado al seguir peleando. ¿De qué hablaba, cuando yo estaba en tan buena forma? Y ¿quién era él para predicar sobre lo que yo hacía para ganarme la vida?

Yo boxeo. Fin de la historia.

TUVE OTRAS DOS PELEAS ESE AÑO, dos victorias. Sólo una fue en Estados Unidos; una nocaut técnico de seis asaltos contra Mike Culbert en Chester, Virginia Occidental. Comencé mal el año 1997, perdiendo contra Jorge Castro por decisión unánime en Argentina. Sin embargo, cuatro meses más tarde pude vengar esa derrota de manera espectacular: mi victoria número cien en la carrera. Mejor aún fue la víspera de mi cumpleaños cuarenta y seis, boxeando frente a mi pueblo en Panamá. Casi noqueé a Castro en el tercer asalto, pero gané por decisión en diez asaltos. Los tres jueces coincidieron en 97–95. La multitud –unas 10 000 personas— enloqueció, pero yo apenas pude celebrar. Estaba tan exhausto que ni siquiera pude hablar con los reporteros después de la pelea. Luego en noviembre viajé a Sudáfrica para enfrentar a David Radford de Gran Bretaña.

Cuatro días antes de la pelea, el promotor entra al gimnasio y me dice:

—Deja de entrenar. Nelson Mandela quiere conocerte. He traído a Leonard, y a un montón de boxeadores

—continuó—, y Mandela nunca quiso conocerlos. Pero, cuando se enteró de que *tú* estabas aquí...

Fuimos a la casa presidencial en Pretoria y fui recibido por dos mujeres en largos trajes sueltos. Cuando Mandela posó sus ojos en mí, exclamó: «Manos de Piedra». Tenía setenta y nueve años y había pasado veintisiete en prisión. Estaba muy contento. Marvin Hagler también estaba allí, como parte de la promoción. Caminábamos por el césped y él puso sus brazos alrededor de nosotros dos.

—Han puesto el boxeo sobre nuevos cimientos —dijo Mandela—, porque los días de arrastrar los pies y aguantar han pasado. En estos días uno sabe cuándo citar a Muhammad Ali: «Un boxeador flota como una mariposa y pica como una abeja». —Luego caminamos los tres de regreso a la casa.

Sostuve el brazo de Mandela al subir la escalera y él comenzó a contarme de su vida, con un amigo mío haciendo la traducción. Antes de que lo encarcelaran había sido boxeador amateur y seguía siendo un fanático del boxeo, a pesar de que había estado encerrado durante toda mi carrera.

Cuando los periodistas me preguntaron qué había sentido al conocer a Mandela, lo único que pude decir fue que era un gran presidente.

—El mundo entero lo conoce, y especialmente en Panamá. Ha sido un gran honor para mí.

Vencí a Radford y luego a Félix José Hernández en enero de 1998, pero eran *muertos*. Todavía quería la gran pelea, pero mis promotores me decían que no podían organizarla.

No entendí por qué. Incluso fui a algunos restaurantes en Los Ángeles que sabía que le gustaban a Julio César Chávez para ver si lográbamos hacerlo realidad. Pero nunca me lo encontré. Escuché que no quería pasar de las 150 libras, pero estaba bastante seguro de que era sólo una excusa. El mexicano era un buen boxeador y yo lo respetaba y todo eso, pero no había nacido en la era de Roberto Durán. Chávez nunca, nunca me habría ganado. Pobrecito, no habría durado tres asaltos.

Así que Chávez estaba descartado, pero William Joppy no. Don King me dio esa oportunidad: boxear contra Joppy en agosto de 1998 por el título de los pesos medianos de la AMB.

De Cubas enloqueció cuando se lo dije. Estaba buscando una revancha con Camacho, porque quería que enfrentara a tipos más lentos, más viejos... tipos a los que pudiera vencer.

—¿Por qué quieres a William Joppy? —exclamó—. Es un peso mediano en pleno derecho. ¿Por qué te enfrentaría Don King, con tus cuarenta y siete, a alguien en su mejor momento, cuando yo me he matado para protegerte de los boxeadores que son veinte años más jóvenes que tú? —No fue el único en señalar que cuando peleé contra Benny Huertas en 1971, Joppy no había cumplido un año. De Cubas dijo que no tendría nada que ver con eso y que ya no quería trabajar conmigo.

¿Por qué acepté la pelea? Dinero, simple y llanamente. Y buen dinero: 250 000 dólares. Pero yo no lo olería: lo que no iba al IRS para cancelar los impuestos que debía, se iría en la manutención de mis hijos en Miami. El agente del IRS incluso tuvo las bolas para ir a la pelea y sentarse en primera fila a esperar su dinero.

Yo quería ganar y más adelante me preocuparía por hacer más dinero. Era mi vigésimo quinta aparición en una pelea por el título mundial.

—Me he estado cuidando —me dije—. Lo voy a noquear.

La pelea fue originalmente programada para el 6 de junio de 1998, en la cartelera de Evander Holyfield contra Henry Akinwande en el Madison Square Garden; King nos había puesto en ella porque mi nombre vendería muchas más entradas que los de otros chicos. Pero Akinwande dio positivo para hepatitis B; la pelea se reprogramó para el 28 de agosto en el Hotel Hilton de Las Vegas. ¡Chuleta! No me gustó. Me encantaba pelear en Nueva York en el Garden: a lo largo de mi carrera, había peleado allí siete veces y sólo había perdido una vez: contra de Jesús en 1972. Pero por lo menos en Las Vegas había un par de miles de aficionados —suficientes para agotar los boletos— y muchos estaban allí para verme ganar.

El anunciador del ring comenzó diciendo que yo ya no era «Manos de Piedra», que tenía manos de seda. En el segundo asalto Joppy empezó a aterrizarme unos buenos ganchos, pero logré controlarlo con un fuerte derechazo al comenzar el tercero. Sin embargo, se recuperó rápidamente y, al final del asalto, me agarró con una derecha que me envió tambaleando contra las cuerdas. Siguió atacándome, golpeándome con más disparos a la cara y al cuerpo. Intentó tumbarme, pero no me dejé. Siguió zurrándome hasta que finalmente el árbitro, Joe Cortez, detuvo la pelea. Faltaban seis segundos para que terminara el asalto e intenté decirle que estaba bien, que no había problema.

Cortez dijo que me había dado todas las posibilidades, pero que desde el primer asalto sólo había sido cuestión de tiempo. Su trabajo era proteger al boxeador y detuvo la pelea cuando vio que yo había recibido un golpe de más.

Joppy fue respetuoso después de vencerme. Le dijo a los periodistas que yo era un gran hombre y les contó que él había crecido viéndome pelear y admirándome. Me amaba, dijo. Pero también dijo que ahora él era el hombre. Fue una mala noche para mí. Allí estaban todos los viejos problemas, pero también sabía que mi vista ya no era lo que había sido. Se lo comenté a Tony Gonzalez, mi mánager en ese momento y esposo de mi hija Irichelle, y él me llevó a un médico. Estaba claro que no veía bien, pero no quiso operarme.

De Cubas afirmó que esa noche lloró y se refirió a Don King como uno de los mayores hijos de puta que conocía, por permitirme luchar contra Joppy.

Así continuó mi racha perdedora en Las Vegas. Desde que vencí a Luigi Minchillo en 1989, no había ganado una sola pelea allí: Benítez, Hagler, Hearns, Sims, Leonard, Lawlor, Pazienza… y ahora Joppy.

Ahora sí todo el mundo pensó que estaba acabado.

ONCE

UNO
MÁS
POR
LA PATRIA

AHORA ESTABA LUCHANDO en mi quinta década como boxeador profesional. ¿Quién demonios logra eso? Aparte del gran Jack Johnson, nadie en la historia del boxeo a excepción mía. Tenía cuarenta y ocho años, tantas peleas y tantos recuerdos desde que aquel pelao hizo su debut profesional en 1968 en Colón, como peso ligero. Ahora estaba viejo y gordo, y sí, había visto días mejores, pero todavía quería un último triunfo.

El promotor la llamó «La batalla de cinco décadas» y fue por el título supermediano de la NBA, la National Boxing Association, en junio de 2000, contra Pat Lawlor. Cierto, mucha gente no creía que estuviera a la misma altura que los campeonatos de la AMB o el CMB, pero era un título mundial y eso es lo que dirá la historia.

Y era en Panamá. Habían pasado un par de años desde que había peleado allí, y lo más importante para mí era que el pueblo panameño disfrutara de esa pelea. Les prometí que haría pagar a Lawlor por el nocaut técnico de 1991. Nunca había perdido en Panamá y no iba a empezar ahora.

Cuando estaba en la cima había tenido ese enorme séquito, todos esos manzanillos: un chico para cargar mis guantes, otro para cargar mi bolsa, un chico para lavar la ropa, un chico para cocinar... No quedaba nada de eso. Plomo era el único de los de El Chorrillo en la década de 1960 que había permanecido fiel todos esos años y, aparte de él, sólo estaban conmigo Tony González y mi hijo Robin. Robin lavaba los platos, hacía la limpieza y cocinaba. Se encargaba de mi ropa, de hacer de intérprete y todo lo que necesitaba para ponerme en forma para una pelea. Se levantaba a las 5:30 para alistarme para salir a correr, incluso salía conmigo, y cuando volvíamos tenía listo el desayuno.

Plomo planeaba un programa diario de atletismo y trabajo con el saco, y terminábamos con ocho asaltos de sparring. ¡Era duro con este viejo! El gimnasio estaba en San Miguelito en Ciudad de Panamá, y era caliente y cutre como en los viejos tiempos. Pero yo ya no era un niño y lo sabía. Dos semanas antes de la pelea, ya estaba en el límite de 168 libras.

La pelea era en el estadio que había sido nombrado por mí y esa noche estaba lleno. Me llevaron en una grúa, y al mirar abajo sobre la multitud pude ver a toda mi familia —mi esposa, mis hijos, mis hijas, primos, amigos—. Se sentía como si estuviera volando.

Y entonces, cuando encendieron el hielo seco, tocaron

una canción de Rubén Blades, «Patria». Para los panameños, esta canción toca el corazón: representa tanto, especialmente después de toda la mierda que hemos soportado en los últimos años. Al mirar hacia abajo pude ver a hijos y padres y nietos abrazándose, todas las generaciones ahí juntas, llorando y celebrando mi nombre y mi legado. Eso es lo que significa el boxeo para este pueblo: es lo suficientemente poderoso para juntar a toda la nación, incluso cuando sus vidas se están desmoronando.

Vencí a Lawlor por decisión unánime en doce asaltos y volví a ser campeón del mundo. Lo había logrado, en mi cuadragésimo noveno cumpleaños, en mi propio país y con toda mi gente a mi alrededor. Fue un momento mágico.

Había tanta emoción entre la gente en el estadio, tal liberación, que las cosas se salieron de control. El caos fue tal que la policía tuvo que ingresar al estadio y lanzar gas lacrimógeno para controlar a la multitud. No me molestó, pero no era lo que quería para celebrar una victoria tan especial.

Después Robin se fue a estudiar a la Universidad de Miami, antes de volver a estudiar en Panamá. Hacía todo a su manera, independientemente. No me enteré en el momento pero, para pagar su matrícula, hizo los peores trabajos disponibles. Sólo años más tarde me dijo que no quería ser un niño de veintiún años de edad pidiéndole dinero a su padre para salir con una chica. No quería vivir del apellido Durán. Todavía se enoja cuando la gente dice que mi familia se aprovecha de mi nombre. No nos conocen. Sí, tener un apellido como Durán ayuda mucho, no me malinterpreten. Pero lo único que hace es abrir las puertas: depende de cada uno mantenerlas abiertas y entrar. Si eres pésimo en tu trabajo, te mandarán al carajo, no importa que te llames Durán o no.

Ahora los niños habían crecido y ya no eran sólo mis esquineros los que se preguntaban por qué seguía peleando, teniendo casi cincuenta años.

—¿Por qué sigue peleando tu papá? —preguntaban los amigos de Robin. Y él me preguntaba:

—¿Por qué? *¿Por qué?* ¿Por qué lo haces de nuevo?

—Tengo que hacerlo —le respondía yo—. Aún no estoy acabado. Puedo vencer a todos estos niños.

Fula nunca me pidió que dejara de pelear a pesar de que, a medida que me acercaba al final de mi carrera y ella vio cuánto tenía que luchar para llegar al peso la asustaba cada vez más. Ella sabía que sin importar lo que dijera yo, seguiría boxeando, le gustara o no, y que necesitaba que me apoyara. Ella entendía, siempre ha entendido. Incluso cuando sufría y sudaba, esa era mi vida y mi elección. Mi legado no sufriría si perdía un par de peleas cuando ya no estaba en la plenitud de la vida. Todos esos pelaos que peleaban contra mí deseaban tener la mitad de la carrera y una fracción de los títulos que había ganado, y cuando subían al ring conmigo estaban nerviosos y sentían respeto. Peleaban contra Durán y había solamente un boxeador que podría vencer a Durán: Durán mismo.

Un amigo mío, Félix Piñango, me comparó una vez con Barrabás, el gladiador: un hombre que ha ganado su libertad del ring y le han ofrecido todas las cosas buenas de la vida, pero las desprecia. Quiere morir en la arena. Según Félix, ese era yo.

Sin embargo, no es así. Yo nunca quise morir en el ring. Pero, ¿por qué no habría de querer riqueza y lujos? ¿Por qué demonios? Sí, peleaba por orgullo y porque pensaba que nadie podría jamás vencerme, pero amaba el dinero. Lo regalaba porque nunca olvidé que era un pelao de El Chorrillo y que hay muchas, muchas personas de ese barrio que nunca hicieron ni una mínima parte del dinero que hice yo.

Sin embargo, tiene que haber un fin: le sucede a todos los grandes boxeadores. Para mí, finalmente llegó el 14 de julio de 2001 cuando volví a enfrentarme a Héctor Camacho, esta vez en defensa de mi título supermediano de la NBA. No sabía que sería mi última pelea, pero sabía que Plomo y yo estábamos llegando al final del camino. Nos pasamos el tiempo fuera del gimnasio haciendo lo que habíamos hecho desde que yo era un pelao: jugando dominó, jugando ajedrez.

—Empezamos esto juntos —le dije—, y lo estamos terminando juntos.

La pelea con Camacho iba a ser en Denver, Colorado, y nos fuimos a South Beach, Florida, para el entrenamiento. Estaba feliz de tener a Robin nuevamente a mi lado, aunque él asistía a la escuela al mismo tiempo. No dormía bien, no tenía vida propia, pero pude ver que cuidar de mí lo hacía feliz. Estaba haciendo algo bueno por su padre.

Robin me dijo que deberíamos ir a Denver por lo menos un mes antes de la pelea para acostumbrarnos a la altitud.

—Ya no tiene treinta años —le dijo a Tony Gonzalez—. Ni siquiera treinta y cinco. Tiene cincuenta. No es lo mismo.

—No —le respondió Gonzalez—, dos semanas son suficientes.

El primer día en el campo de entrenamiento yo volaba. Estaba noqueando a los sparrings, corriendo una hora, hora y media cada vez, lo cual habría sido bueno para un combatiente de la mitad de mi edad.

Pero eso fue antes de llegar a Denver. Nunca había sentido ese tipo de altitud. Desde el primer día me costó trabajo respirar. En la primera sesión de entrenamiento me subí a la cinta y poco después me sentí asfixiado.

—Oye, sólo corriste veinticinco minutos —me dijo Robin.

—No puedo respirar.

Eso me bajó la moral. Me cansaba con sólo dar un paseo. Cuando entrenaba sentía como si me estuviera golpeando un peso pesado. Deberíamos haber escuchado a Robin porque, si hubiera sabido que esto era lo que iba a sentir, habría llegado a Denver mucho antes.

Promovieron la lucha como «Cuando las leyendas chocan». La prensa estadounidense se divirtió mucho con eso. Un hombre la llamó «Cuando las leyendas se desploman» porque nuestras edades combinadas eran ochenta y nueve años.

Por supuesto, a Camacho y a mí todavía nos encantaba decirnos mierdas uno al otro, ¿qué esperabas? Yo era panameño, él era puertorriqueño. No íbamos a darnos un apretón de manos y jugar al ajedrez. Yo iba a tratar de patearle el culo y él iba a tratar de pateármelo a mí. Él decía que yo era demasiado viejo y que no debería creer en los milagros, que iba a tratar de hacer lo imposible y que él estaba listo para lo imposible, pero que si perdía contra mí, se retiraría. Le dije que era un payaso: Camacho el payaso. Luciría bien, pensé, si subía al cuadrilátero con una de esas grandes narices rojas.

Yo sentía que todavía podía competir, pero esa noche él hizo alarde de un muy buen jab de derecha y gancho de izquierda. El árbitro, Robert Ferrara, vino a mi esquina antes del inicio del decimosegundo asalto, cuando los hombres en mi esquina gritaban:

—¡Tres minutos más! —y me decían—: Sigues siendo el mejor. —Salí y boxeé, y ahora mi esquina gritaba—: ¡Tú primero, Cholo, tú primero! —Pero yo ya no tenía aire. ¡Aun así, él no pudo noquearme! Eso demuestra lo duro que era.

Perdí por decisión unánime en doce asaltos, pero sentí que había ganado la pelea. Y resultó ser que esa fue la última vez que subí al ring. Unos pocos meses después tuve el accidente de coche.

El 26 de enero de 2002 cité a una conferencia de prensa para anunciar mi retiro. Realmente no tenía otra opción. Mi rehabilitación iba a tomar mucho tiempo y los doctores ya me habían dicho que lo dejara.

—El boxeo es mi vida —dije a la prensa—. Pero justo ahora no quiero pensar en ello. Todavía me ejercito —continué—, para que cuando todos los honores lleguen, la gente me vea en buena forma. —Había salido del hospital precisamente cuando se estaba jugando el partido de despedida de Diego Maradona—. Y no quiero verme gordo como Maradona —añadí. Iba a haber mucho qué celebrar: todos esos títulos del mundo, 103 victorias. Aparte del periodo de 1985 a 1990, había peleado por lo menos una vez cada año desde 1968.

Y ese fue el final del camino para Durán el boxeador. Supongo que si no hubiera sido por el accidente, aunque tuviera cincuenta años, habría seguido boxeando hasta que no hubiera absolutamente nadie con quién pelear. La gente todavía se emocionaba al ver a Roberto Durán, la leyenda, en acción. Pero también creo que amaba tanto boxear que si hubiese seguido podría haber muerto en el ring. No porque alguien me castigara y me hiriera, sino por lo que le hacía a mi cuerpo para ponerme en forma para las peleas. Creo que Dios quería que me retirara, no como un castigo sino como prevención, para que hoy siguiera vivo. También sospechaba que mi familia quería que me retirara, aunque respetaban mis deseos.

Después de retirarme, dos de mis hijos —Chavo e Irichelle— se dedicaron al boxeo. No me encantaba la idea, pero a su madre sí, y, como sabían que me molestaría, pretendieron mantener el secreto. No quería verlos pelear. Una de las razones por las que yo boxeaba era para que mis hijos no tuvieran que hacerlo. Creo que mis otros hijos tampoco estaban de acuerdo: para ellos era peor ver a Chavo e Irichelle boxear.

Irichelle vivía con su madre en Miami y se interesó porque la hija de Muhammad Ali empezó a boxear. Peleó tres veces entre 2000 y 2002, en Nueva Orleans, Ciudad de Panamá y Las Vegas. Entrenó durante siete meses en Australia e incluso hizo que Chavo fuera a ayudarla a entrenar para su primera pelea en Las Vegas. Perdió por decisión dividida en cuatro asaltos y dijo haberse sentido abrumada por la multitud y los medios de comunicación.

Peleó dos veces más, una la ganó y la otra perdió. Estaba tan disgustado que por un tiempo ni siquiera le hablé. ¿Por qué? Porque cuando yo boxeaba sabía lo que estaba haciendo. Mis hijos no tenían esa experiencia y astucia del ring. Además, Irichelle era muy femenina, no una típica mujer boxeadora. Jovanna fue a la pelea en Nueva Orleans y escuchó a algunos de los aficionados silbándole y llamándola «perra sexy». Algunos escritores de boxeo la llamaban «Pequeña Señorita Manos de Piedra». Ella no necesitaba esas tonterías en su vida.

Mi hijo Chavo era bueno, aunque no tenía ninguna experiencia como aficionado. Comenzó a pelear a los veintisiete años y ganó cinco peleas entre 2000 y 2004, con dos nocauts. Perdió una y en otra empató. Lo vi pelear dos veces, una en Argentina y otra en Ciudad de Panamá. El hijo de Julio César Chávez también comenzaba a hacer carrera en ese momento. Mi hijo lo habría zurrado porque era alto y entendía mucho de boxeo; sabía bloquear golpes y sabía cómo golpear. Tal vez podría haber llegado a ser campeón del mundo, pero yo lo saqué del boxeo. Una vez un aficionado se le acercó en una de sus peleas y le dijo:

—No vine a verte pelear. Sólo vine a ver si tu padre estaba aquí. No avergüences el nombre de tu padre, sólo sal y gana.

Sabía que para mis hijos tenía que ser difícil a causa de mi nombre y mi legado, pero igual preferiría que no boxearan. Una vez alguien me preguntó cómo me sentía cuando los veía pelear.

—No siento nada —respondí—. Conozco a mis animalitos. El boxeo no es para ellos. —Pero eran competitivos, al igual que yo. No me gusta perder en nada: billar, sóftbol, lo que fuera, siempre he llevado la competencia a otro nivel y pasé esa competitividad a mis hijos.

En 2005 volví a saber de Mike Tyson. Estaba al final de su carrera y tenía un montón de problemas. Se había declarado en bancarrota en 2003 y estaba prácticamente acabado en el ring tras perder contra un don nadie llamado Danny Williams, en el verano de 2004. Estaba sin dinero, todavía consumiendo drogas y había perdido todo su séquito ahora que no tenía plata; cuando peleó contra Williams, su guardaespaldas había trabajado su esquina. Williams noqueó a Tyson en el cuarto asalto, contra las cuerdas. Tyson tenía treinta y ocho años: se había lesionado una rodilla en el enfrentamiento contra Williams y necesitaba una cirugía.

Pero siempre me había gustado y entendía que el boxeo siempre será una lucha cuando uno se hace viejo. Tyson estaba en las últimas, pero iba a darse una última oportunidad contra un boxeador llamado Kevin McBride y la idea era que yo trabajara con él. Él estaba entrenando en California con de Cubas, que había establecido el campamento en las colinas de Paso Robles y había llevado a Buddy McGirt, quien en ese momento entrenaba a Antonio Tarver y a Arturo Gatti. Nos reunimos todos en Los Ángeles y fuimos a ver a Tyson. Llegar allí era un dolor de cabeza: tres horas desde Los Ángeles, tal vez más, subiendo y bajando colinas, para llegar a un gran complejo con dos casas y un gimnasio en la planta baja, en 159 acres. Los dueños eran alemanes; de Cubas aseguró que tenían un Porsche.

Y ahí estábamos: dos cabrones que ya no estaban en su mejor momento, pero se respetaban mutuamente. Los aficionados nos amaban o nos odiaban, pero también nos respetaban. No era algo panameño o estadounidense: era algo del boxeo, y en nuestro apogeo éramos el mejor y el peor.

A Tyson obviamente no le quedaba mucho, pero al menos pasamos un buen rato metiéndole ideas en la cabeza. Le tenía terror a las inmensas tarántulas que había en el recinto. Cerca de la casa había un cementerio con seis alemanes enterrados en él y le decíamos a Tyson que fantasmas alemanes saldrían a buscarlo por la noche. Convencí a de Cubas de decirle que en la noche los marcianos vendrían a llevarse a los negros.

—¡Mira, Tyson, allá en el cielo, es un OVNI que viene por ti!

—¡Vete a la mierda, Durán! ¡Vete a la mierda!

Y nos cagábamos de la risa.

Nos quedamos allí varios meses, yendo y viniendo entre Los Ángeles y Paso Robles cuando Tyson iba a Phoenix, donde vivía. Mi hijo estaba entrenando cerca para una pelea, así que le dije que fuera y se quedara conmigo.

Hasta que tuvimos que asumir la realidad de la pelea y nos dirigimos a Vero Beach, dónde McGirt estaba entrenando a sus chicos. Y Tyson insistía en que yo lo entrenara.

Voy al gimnasio. Él está hablando por su teléfono celular. Le digo que golpeemos el saco pesado. No quiere.

—¿Quieres boxear?

—No.

—Entonces, ¿qué quieres hacer?

—Golpear la pera.

—Está bien —le digo—, pero mañana vamos a cambiar la rutina.

Al día siguiente uno de sus asistentes le trae su celular:

—Es tu esposa. Ya tienes un nuevo bebé.

—¡Soy padre! —grita Tyson—. ¡Soy padre! —Y dice que no quiere entrenar ese día.

La mañana siguiente mi alarma suena a las cinco. Hora de ir a buscar a Tyson para correr en la playa. Cuando llamo, la puerta se abre sola.

—Tyson, soy yo, Durán. ¿Estás listo? —El apartamento es grande y no hay nadie.

Al día siguiente, Tyson me llama a las dos de la mañana.

—Durán, estoy con mi esposa. No voy a entrenar por un tiempo.

—¿Dónde estás?

—Phoenix.

Tyson finalmente reapareció en Miami diciendo que se había lastimado una pierna, y un día en el gimnasio lanzó lejos su bastón. Todavía lo tengo en alguna parte.

Tyson perdió ante McBride. Renunció desde su banquillo después del sexto asalto. Su esquina le había rogado al árbitro que detuviera la pelea. Luego dijo que se retiraba del boxeo:

—Ya no tengo las agallas para pelear. Mi corazón no está en ello. No quiero faltarle al respeto al deporte que amo.

Quería ser un buen padre, dijo, y cuidar de sus hijos. Fue la decisión correcta. Había perdido por nocaut tres de sus últimas cuatro peleas.

Ese no era el Tyson que el mundo conocía, que todos temían, pero a veces sucede. La edad le coge ventaja a uno. Yo también lo sabía en mi propio corazón, pero nuestros corazones también nos dicen que somos boxeadores, campeones, guerreros, y continuamos persiguiendo esa última pelea, un último momento de gloria en el ring.

DOCE

LAS
ÚLTIMAS
DESPEDIDAS

En el verano de 2006 recibí una llamada de mi amigo Pupi.

—Oye, Durán, tienes que venir a Miami. El viejo está muy enfermo. Podría morir en cualquier momento. —Se refería a mi viejo amigo Víctor del Corral, que había estado a mi lado desde el principio de mi viaje.

Fui enseguida. Víctor estaba en el Hospital Jackson Memorial y su hija Sonia estaba con él. Estaba claro que no reconocía a nadie y no sabía lo que estaba sucediendo.

—Mira, papi —le dijo Sonia—, es Durán.

Fue la última vez que lo vi.

Al día siguiente Sonia llamó a informarnos que Víctor había muerto. Tenía ochenta y cuatro años. Fui a la funeraria: alrededor del ataúd había recuerdos y fotos de Víctor con todos sus amigos, incluido yo. Fue un típico velorio cubano y duró toda la noche, con un montón de gente hablando, tomando café y honrando al hombre que tanto nos había cuidado todos esos años en su restaurante.

Después del funeral fui al restaurante de Manhattan una vez más para decir adiós a mi manera. Se sentía mal estar allí sin Víctor y no quise que su familia pensara que me estaba aprovechando de nuestra amistad para seguir comiendo gratis. Qué suerte había tenido de conocer a este hombre especial. Era el mejor: el mejor de los mejores. Descanse en paz.

Víctor no fue el único que nos dejó. Toti, Plomo, Arcel, Freddie Brown, Flaco Bala… todos se habían ido, una señal de que el tiempo pasa más rápidamente hoy en día. Una vez pensamos que estaríamos juntos por siempre. Ya no.

Por estos días, la muerte nunca está lejos de mí. En mayo de 2009 estaba en casa en Panamá cuando el teléfono sonó a media noche.

—Soy yo, Tyson.

—¿El boxeador?

—Sí, el boxeador. —No había oído de él hacía años, desde que habíamos estado entrenando juntos. Lloraba a mares, estaba enloqueciendo.

Su hija de cuatro años, Exodus, acababa de morir; fue una historia terrible. Su hermano Miguel la había encontrado colgando de una cinta de ejercicio, enredada en un cable eléctrico, inconsciente. Murió al día siguiente, cuando le quitaron el soporte vital.

—Durán, por favor, consígueme a Flex —me pidió Tyson. Flex es un cantante panameño de reggaetón—. Mi hija era su gran admiradora y quiero que venga a cantar en el servicio. Le pagaré lo que pida.

De Cubas consiguió rastrear a Flex y Robin lo trajo a verme. Flex dijo que ya estaba comprometido ese día.

—¿Sabes cuántas personas querrían cantar en el servicio para la hija de Tyson? —le pregunté—. Dios te escogió para este momento. Podría haber elegido entre muchos grandes cantantes, pero te eligió a ti. Tú eres el hombre.

En el servicio privado, al que asistieron sólo familiares e invitados especiales, Flex cantó con el coro una versión acústica de «Dime si te vas con él», y según lo que me dijeron, todo el mundo lloró, incluso aquellos que no entendían español.

«Exodus tuvo un funeral digno de un dignatario —escribió Tyson posteriormente—. Hasta entonces no lo había comprendido, pero repentinamente supe la razón profunda por la que siempre había amado a Durán. No tengo cómo pagarle».

Flex no le cobró un centavo a Tyson.

Ahora yo vivía cómodamente jubilado, aún en la misma casa que Eleta me compró en 1972 después de vencer a Buchanan. Había vuelto a El Cangrejo como un héroe. Y, en un extraño giro de acontecimientos, Martín Torrijos, el niño que conocía de El Chorrillo, ¡era ahora el presidente de Panamá! Fue él quien encargó la estatua en mi honor que está a pocas manzanas de mi casa, con una placa que dice: «En honor a Roberto Durán. "Mano de Piedra". Seis veces campeón del mundo. La Leyenda». ¿Quién soy yo para discutir eso?

Mira el legado. Había cuatro reyes: Durán, Leonard, Hagler y Hearns. Entre 1980 y 1989 le dimos todo y más a los fanáticos del boxeo, nos enfrentamos entre nosotros nueve veces en total, todas peleas espectaculares. Todos éramos estrellas y todos queríamos acabar con los otros. Nos estrechábamos la mano y luego peleábamos. Nos odiábamos y ahora sonreímos, posamos para fotografías y nos tomamos unas copas juntos con alguna frecuencia. Ese es el boxeo.

Tal vez sea mejor decir ese *era* el boxeo, porque jamás veremos otra época como esa. Los aficionados tenían un asiento de primera fila en la historia. Fue, como dicen los estadounidenses, la Edad de Oro del Boxeo, y Hearns, Leonard, Hagler y yo estábamos en el centro de ella, intercambiando golpes, sacándonos sangre. Si hubiésemos boxeado en diferentes épocas, cada uno de nosotros podría haber gobernado el deporte por sí mismo. En cambio, nos enfrentábamos mutuamente, arrebatándonos los cinturones de título cuando podíamos. Por eso nos recuerdan con tanto cariño.

Hagler abandonó el deporte primero, en 1987, cabreado tras perder frente a Leonard. Había peleado sesenta y siete veces, con tres derrotas y dos empates. Leonard se retiró en 1997 con un record de 36–3–1. Hearns siguió peleando hasta 2006 y se retiró con un récord de 61–5–1. Pero yo los sobreviví a todos. Gané 103 peleas.

En el año 2014 hubo una gira promocional para el libro de Kimball *Four Kings*, y Leonard me dijo que Marvin Hagler no quería participar y no sabía por qué.

—Hagler sigue molesto —le dije—, porque lo derrotaste en 1987.

—Y bien que lo hice —dijo Leonard.

También resultó ser que durante años y años, Leonard había tenido un complejo a causa de nuestra pelea en Nueva Orleans. Creo que no podía vivir tranquilo porque nadie le dio crédito por vencerme. Sabía que no había podido vencerme cuando yo estuve bien: me ganó porque no era mi noche y yo renuncié, en una decisión repentina que nunca imaginé me amargaría por tanto tiempo o tendría tales consecuencias para ambos. En lugar de hacerlo ver bien, lo había hecho quedar mal. Eso lo había perseguido desde entonces y había tenido que buscar la manera de vivir con ello.

Así que, treinta y tres años después de esa pelea, un cineasta llegó a hacer un documental sobre «No más» y nos encontramos una vez más. Iba a ser el gran final de la película y, cuando nos enfrentamos uno al otro en un cuadrilátero en Panamá, pude ver lo incómodo que se sentía —la frustración en sus ojos cuando me miraba—, pero ya no me odiaba. Mucha agua ha pasado bajo el puente y, al menos ahora, habíamos hecho las paces con el pasado. Nos vemos con alguna frecuencia en giras promocionales, eventos en Las Vegas, cosas así, como amigos; yo solía llamarlo mi hermano negro. Ahora podemos vernos el uno al otro con respeto y amor.

Pero entre los Cuatro Reyes, considero que mi legado es el más importante. No importan las grandes victorias: mira también todos esos elogios. Recibí el premio «Comeback of the Year» de la revista *The Ring* en los años 1983 y 1989: el único boxeador que lo ganó dos veces. En 1999, la Associated Press me clasificó como el mejor peso ligero y el séptimo mejor boxeador del siglo XX. En 2001, *The Ring* me clasificó como el mejor peso ligero de todos los tiempos. En 2002 me calificó como el quinto mejor boxeador de los últimos ochenta años. El Diablo, Manos de Piedra. Un cabrón latino. Por eso me pusieron en el Salón Internacional de la Fama del Boxeo en Nueva York.

Y también en el Salón de la Fama del Boxeo de Nevada, donde fui instalado en 2014 nada menos que por Sugar Ray Leonard. Como mi inglés es muy limitado, mi hija Irichelle se levantó y habló por mí.

—Desde que puedo recordar, nuestra vida ha sido el boxeo. Crecer siendo un niño Durán no fue siempre fácil, porque implicaba muchos sacrificios. Y en una edad en que necesitas a tus padres, muchas veces él no estaba allí. Pero siempre lo apoyamos porque sabíamos que estaba trabajando por nuestro futuro.

—Me gustaría agradecer a Estados Unidos —dije al público—. Me dio tanto. Estados Unidos me aguantó durante cinco décadas. Estoy muy agradecido por eso. —Estaba muy agradecido por ese momento y por poder compartirlo con Irichelle y Robin.

Leonard y yo nos dimos un gran abrazo.

—Felicidades, mi campeón —me dijo.

—Felicidades, mi amigo.

En 2011 abrí un restaurante a pocas manzanas de donde vivo, se llama La Tasca de Durán y sirve platos panameños tradicionales. Ha funcionado bastante bien y, por supuesto, un montón de gente viene a causa de mi nombre.

Hemos decorado el lugar con todo tipo de recuerdos: mis viejos guantes, cinturones de campeonato, pantalonetas de boxeo, botas, ¡incluso una huella de mis manos, Manos de Piedra! Es como un museo dentro de un restaurante. Hay películas de todas mis peleas famosas transmitiéndose continuamente: la primera pelea contra Leonard, la victoria contra Barkley, la victoria contra Buchanan. Las paredes están cubiertas de grandes fotografías que documentan mi carrera. Fotos de mí con Sugar Ray Leonard; con Manny Pacquiao; con Mike Tyson; con Floyd Mayweather Jr. Con Sylvester Stallone durante el rodaje de *Rocky II*. Con estrellas de cine y con todos los grandes campeones.

En mi restaurante hay un montón de fotos, pero hay solamente una báscula. Está en el patio, al frente del negocio, y es una de mis posesiones más queridas. Esta báscula tiene mucha historia. Muchos grandes campeones, como Ismael Laguna y Ñato Marcel, se han subido a ella. Pero es preciosa para mí porque yo me pesé en ella para todas mis peleas profesionales, desde que empecé hasta cuando me retiré. Hace unos años la gente en el CMB iba a tirarla, pero un amigo mío la rescató para mí. Se vería mucho mejor si no la hubieran pintado, si la hubieran dejado como era en aquel entonces, pero ni modo.

En octubre de 2012, Don King se apareció en el restaurante. No tenía idea de que iría; ya había regresado a casa por la noche y estaba casi dormido cuando me llamaron a avisarme.

—¡Hijo mío! —exclamó cuando le di un abrazo—. ¡Mi

boxeador! ¡Manos de Piedra! ¡Manos de Piedra! —Después de la cena, entró a la cocina y le dio a cada empleado 100 dólares. Los muchachos del autobús también recibieron 100 dólares, al igual que el chico del estacionamiento.

—Deberíamos ir todos a ver a Eleta —dijo King—, no se encuentra bien. —Yo tenía sentimientos encontrados pero finalmente exclamé:

—Qué diablos, vayamos a hacer las paces con él. —Era un anciano que no viviría mucho tiempo más. ¿Para qué tener rencores?

Al día siguiente encontramos a Eleta sentado en una silla y con una máscara de oxígeno. Posamos para fotografías, nos reímos mucho, pero también fue una experiencia agridulce, incluso un poco rara, con Don King sentado en un sofá y Eleta y yo en otro. Yo estaba feliz de verlos, pero sentía algo extraño. Es difícil de explicar. No era rencor, pero tal vez sí resentimiento. Esos tipos habían estado conmigo en los buenos tiempos pero, cuando llegaron los malos tiempos, no se quedaron conmigo. Tampoco ayudó que cuando salíamos Eleta tomara del brazo a Robin y le dijera:

—Te pareces tanto a tu padre cuando era joven. Es increíble, viéndote tengo recuerdos recurrentes de hace treinta años.

Salí sabiendo que no necesitaba volver a ver a Eleta: realmente, ya no había nada más que decir. En enero del año siguiente se fue, a los noventa y cinco años.

No me preocupa la muerte: hay un montón de gente para preocuparse por mí. Pero cuando fui al médico y descubrí que tenía una hernia, me vi obligado a enfrentar el problema del peso. Le sucede a todos los boxeadores cuando se jubilan y, especialmente, a aquellos que como yo han luchado con su peso a lo largo de su carrera. Ahora pesaba más de 260 libras, nunca había pesado tanto, y el doctor me aseguró que era un candidato ideal para un ataque al corazón. Así que decidí que sería una buena idea hacerme un *bypass* gástrico para resolver el problema de una vez por todas, y tenía algunos buenos amigos y fans que pagarían la cuenta.

Fue duro y me tomó mucho tiempo recuperarme pero al final he logrado pesar 170 libras y me he mantenido así durante unos años. ¡Si hubiera sabido que una banda gástrica me ayudaría a llegar al peso, me habría operado cuando estaba boxeando! Fula me lleva todos los años al centro médico Punta Pacífica para un examen médico completo: cabeza, corazón, todo.

—¡Roberto, todavía puedes pelear! —me dice siempre el médico—. ¡Tienes el corazón de un niño de veinticinco años! Y tu cerebro está bien.

Eso me hace muy feliz, porque por estos días algunas personas dicen que Manos de Piedra ha perdido la cabeza por el boxeo, pero es una chorrada. Tal vez nací chiflado, pero no es porque haya sido golpeado con demasiada frecuencia.

Ahora la vida en Panamá es buena y eso es suficiente para mí. Me encanta estar aquí. La gente siempre me pregunta por qué no hago más, pero les respondo: ¿para qué complicarme la vida? Hemos vivido en la misma casa durante cuarenta y un años, y no imagino vivir en ningún otro lugar.

Empezamos a remodelarla después de la primera pelea contra Sugar Ray Leonard, y hoy en día es una casa de tres plantas, con siete habitaciones, un estudio, un bar y una piscina. Todavía tengo los sacos, junto con las máquinas de pesas. En la parte delantera tengo mis coches y, detrás de ellos, seis inmensas estatuas romanas que compré hace mucho tiempo porque me recordaron el Caesars Palace en Las Vegas.

Chavo y su esposa viven con nosotros, al igual que uno de mis hijos menores: Brambi. Mi familia es muy unida y me cuida mucho. Felizmente mi madre aún está viva, a los noventa, y juega a la lotería tal como lo hacía cuando yo era niño. Vive bastante lejos, en San Miguelito, a donde es una putada llegar, así que no la veo muy a menudo, y ¡cuando la veo me pide dinero! ¡Algunas cosas nunca cambian! Los fines de semana generalmente me veo con amigos como Wiwa, que ha sido fiel a mí todos estos años desde que era uno de mis manzanillos. Mi mejor amigo sigue siendo Chaparro, pero ahora vive muy lejos y no lo veo tanto.

Casi todos mis hijos son adultos y muy independientes. Irichelle y Jovanna viven en Miami, y tengo la suerte de que Robin esté aquí en Panamá cuidando de mí. En 2010 compré un BMW 7 y pedí al concesionario que le pusiera luces de neón debajo y le pintaran mi cara en el capó.

—Papá, es un BMW —exclamó Robin—. No un bólido.

Todavía quisiera encontrar un taller de carrocería que pintara mi cara en él.

Tengo otros tres hijos con otras tres mujeres. Estas cosas suceden: soy sólo un hombre. Una vez alcanzas la fama que tuve, las mujeres saltan sobre ti, sin importar si estás casado o no; es una locura. Pero las celebridades, al final del día no son más que seres humanos. Afortunadamente mi esposa me perdonó. Cuando amas a alguien le perdonas todo. Compartir lo bueno y lo malo, esa es la clave de un matrimonio.

Una de estos hijos, Dalia Durán, es realmente mi primer hijo. Aún la veo cuando voy a Miami. La madre del segundo hijo la conocí en un club nocturno en Miami; dijo que estaba tomando la píldora, pero quedó embarazada y nació mi hijo Alcibíades Durán. No los veo ni a él ni a su madre; la última vez que escuché de él, estaba en el ejército. Luego hubo una mujer en Chitré, Panamá; también dijo que tomaba la píldora, pero dio a luz a mi hija, Viviana Durán. Tiene unos doce años, pero no la veo mucho. Lo único que hago es enviarle a su madre pagos de manutención.

Viviana es mi único hijo que me tiene miedo: su madre le ha llenado la cabeza de malos pensamientos acerca de mí. Un día ella descubrirá quién es realmente su padre y vendrá a buscarme para que hablemos. Si quiere llamarme papá, bien; si no, no importa. Esa es la vida. Recuerda cómo crecí. ¿Tener un complejo acerca del padre? No, eso no va conmigo.

Algunas personas pueden menospreciar el resultado de mi vida, pero todo el mundo en Panamá conoce mi situación familiar y no me importa lo que piensen.

Me paso casi todos los días en mi restaurante. Te recomiendo la comida. Tenemos tres sopas muy buenas: una que es una combinación de garbanzos y repollo, una de frijoles negros y una de ajo con un huevo flotando en el medio. Uno de mis platos favoritos es el sancocho de gallina, que se hace con pollo, yuca y mazorca. Fula me lo hace todos los días. Luego está el tamal cubano: harina de maíz sazonada con pimientos rojos y cocida al vapor en una hoja de maíz. O puedes comer huevos con arroz, arroz con carne o frijoles, que son otros de mis favoritos.

Me tomo una cerveza o un whisky, y me siento con los clientes a ver las cintas de mis peleas; me encanta verme patearle el culo a Leonard, o a Barkley, o a Davey Moore, y escuchar a la gente hablar como si hubiese ocurrido ayer. Poso para fotografías con viejos feos, lindas jovencitas, bebés y las celebridades a las que he visitado, como Usher, el cantante estadounidense. Incluso hay una foto de mí en un evento promocional en Londres posando con una mujer que me está agarrando los cojones. Su amigo le había dicho que yo tenía las bolas grandes, así que apostó con él a que yo la dejaría tocármelas. Pensé que estaba bromeando, pero las agarró y exclamó: ¡Sí tiene las bolas grandotas!, ¡y ganó la apuesta!

Y, por supuesto, toco con la orquesta de salsa. Pototo reúne a algunos de los muchachos los fines de semana, y la gente viene de todas partes a bailar salsa con nosotros. Siempre canto algunas canciones, lo que los gringos llaman un *riff* de salsa, con letras improvisadas.

La plata, el dinero, sigue siendo un problema para mí. Soy feliz cuando tengo algo, igual de feliz si no; ese es mi problema, lo que significa que siempre estoy buscando dinero. Prefiero el efectivo, no los cheques o los contratos donde le pagan a uno sólo de vez en cuando: dinero por adelantado, así es como debe ser. ¡Me encantaba cuando Don King me daba esos bonos de 1000 dólares! Cuando me quedo sin dinero, a veces le pido prestado a mis amigos, porque sé que Fula no me daría un centavo. Pero siempre les pago al día siguiente.

Hoy día puedo hacer dinero yendo a Estados Unidos y al Reino Unido a firmar autógrafos. En Londres, sobre todo, las personas son grandes fans y muy generosas. La primera vez que fui, pensé que estarían cabreados conmigo porque vencí a su ídolo Ken Buchanan, pero me adoran: ¡he visto tipos con mi cara tatuada! Es una lástima no haber peleado nunca en el Reino Unido, me habría encantado pelear para ellos.

Cada vez que voy, el apoyo es increíble. En 2014 hice un evento en el Casino Grosvenor en Newcastle y la gente se volvió loca. Irichelle fue conmigo como traductora y me encantó posar para las fotos con los fans. Por supuesto, después nos fuimos a un bar e invité a todos a beber una pinta conmigo. Allí me tratan como una estrella y me gusta que también puedo salir con ellos, jugar al billar y tomar cerveza.

También me he hecho amigo de uno de los grandes de Inglaterra, Ricky Hatton. Es un buen boxeador, pero podría haber llegado más lejos. En 2012, cuando perdió contra Vyacheslav Senchenko, fui a la pelea. Le había advertido que se cuidara de los golpes bajos y efectivamente el tipo lo noqueó con un golpe a los riñones. Exactamente lo que le había dicho: ese tipo lanza un montón de izquierdas. Pero Ricky no me puso atención: entró como un loco y el tipo lo sacó con un gancho de izquierda.

En estos días, cuando se trata de negocios, dejo que mis hijos o hija hagan el trabajo, ya que yo no sabría lo que estoy firmando y me exprimirían. Un tipo me hizo firmar dándole los derechos de mi historia de por vida: películas, libros, todo. También quería abrir un gimnasio de boxeo en Panamá y compartir las ganancias conmigo; se supone que me pagaría 7500 dólares al mes más lo que hiciera en patrocinios. Pero cuando Robin leyó el contrato, me explicó que los pagos de 7500 dólares eran anticipos sobre ingresos y que el tipo se quedaría con el cincuenta por ciento de cualquier dinero de patrocinio; y, dado que aún no había hecho ningún negocio y había pasado un año y medio desde el acuerdo, ¡afirmó que yo le debía 300 000 dólares! Tuvimos que contratar un abogado para desenredar el lío.

Las cosas no son diferentes hoy. Personas de las que no he escuchado en años aparecen de repente en relación con algo que firmé hace mucho tiempo sin saber lo que estaba haciendo. Robin dice que no soy un tipo fácil de dirigir, que creo que la astucia de la calle que aprendí cuando era joven me hace un empresario fuerte. Pero realmente no es muy útil cuando tienes un montón de números enfrente y un contrato para firmar.

En 2012, Robin resolvió que la gente fuera de Panamá necesitaba que le recordaran quién era yo y tuvo la idea de que nuestra familia hiciera un *reality* para televisión. La primera serie fue un gran éxito: la gente disfrutaba siguiéndome y viendo el tipo de vida que llevo ahora. El mejor episodio fue aquel en el que Robin me sorprendió con el coche que siempre había amado y había tenido que vender en 1986: un Excalibur. Robin había recorrido todo Panamá buscando el mismo modelo; incluso encontró el coche original que yo había tenido, pero el tipo pedía 200 000 dólares por él. Así que Robin visitó los concesionarios disfrazado, para que no trataran de aprovecharse de él, hasta que encontró uno a buen precio. Estaba con amigos y familiares fuera del restaurante y mi hijo Brambi me tapó los ojos.

—¡Abre los ojos! —gritaron todos—. ¡Abre los ojos! —Y allí estaba.

Robin estacionó el coche, que tenía un gran lazo rojo en el capó. ¡Chuleta! Mis hijos me abrazaban y me besaban; me puse al volante y todos salimos a dar una vuelta.

Los productores querían hacer una segunda serie, pero hubo algunos problemas personales. Robin se había separado de la madre de sus dos hijos, a veces peleaban frente a las cámaras, delante de todo Panamá. El sitio web Chollywood estaba tratando de desenterrar alguna suciedad, y todo el asunto tuvo consecuencias sobre nosotros como familia. El programa tuvo tal *rating* que la gente sabía más acerca de nosotros que nosotros mismos, incluso sentían que les pertenecíamos. Así que decidimos dejarlo así, una sola serie muy exitosa. Pero la gente todavía pregunta por la continuación. Veremos.

En 2013, Robin llegó a un acuerdo en Estados Unidos para una película sobre mi vida, *Manos de Piedra*, que salió en 2016. Mi viejo amigo Robert De Niro, a quien vencí jugando sóftbol en Nueva York tantos años atrás, interpreta a Ray

Arcel; el cantante Usher a Sugar Ray Leonard; y mi amigo Rubén Blades a Eleta. Y el papel principal, obviamente el mío, lo interpreta Édgar Ramírez, el actor venezolano. Todo el elenco vino a cenar y tomar algo en el restaurante, y les dimos una buena muestra de la fiestas de salsa que podemos organizar los fines de semana.

Y en el otoño del año 2015, Robin fue elegido para interpretarme en *Manos de Piedra Durán, un K. O. Musical*, que cuenta mi historia a través de los ojos de la gente en las calles de El Chorrillo. Tenía un presupuesto de más de 400 000 dólares, un elenco de treinta y ocho, y recrearon algunas de las grandes peleas como las de Leonard y Barkley. Robin hizo un gran trabajo. Fui a verlo cuando abrió sus puertas en Panamá y subí al escenario para agradecer al público. Los críticos lo aclamaron como un gran éxito y Fula llora cada vez que lo ve.

La gente cree que soy millonario, pero no, aunque lo fui. Creo que gané unos sesenta millones con mis peleas, pero, hoy en día, lo único que queda de eso es la casa. El dinero que tengo se va en el pago de las facturas: alimentos, agua y electricidad, y un poco que ahorramos en caso de que se presente una emergencia. ¡Se han ido los días de comprar coches de lujo y ultraligeros! Pero todavía hay quien llama a mi puerta para pedir dinero, a pesar de que saben que hace ya años que no recibo dinero por una pelea y, siendo Panamá el lugar que es, todo el mundo sabe que he tenido problemas de dinero.

Algunas personas sienten pena por mí, piensan que haber crecido en las calles ha sido una carga que he llevado a cuestas toda la vida. Pero no conozco nada diferente, nada con qué compararlo. No ha sido una vida fácil pero es la vida que he tenido. La única. No estoy sentado donde un psiquiatra tratando de averiguar por qué me abandonó mi padre. No estoy traumatizado por nada de lo que viví. Si te caigo bien, buena cosa. Si no, sigamos adelante; para mí todo es igual. La gente me pregunta qué haría diferente si volviera a vivir y les digo:

—Nada. No me arrepiento. ¿Por qué? Porque nadie nace sabiendo lo que va a pasar. Sólo Dios lo sabe.

Pero soy feliz. Algunas de las historias que te he estado contando acerca de mi vida podrían hacerte llorar, pero también te descubrirás riendo. Como sea, para mí no hay lágrimas: aún no estoy acabado. Voy a morir de viejo, lo tengo claro. Está escrito por Dios. He sobrevivido a un accidente de automóvil, un accidente de avión, un accidente de motocicleta y aquí sigo. Cuando muera, los doctores tendrán que abrirme para ver de qué estoy hecho. Debería haber muerto hace tiempo, pero Dios no me quiere muerto. El Cholo vivirá para siempre.

AGRADECIMIENTOS

Antes que nada, quisiera agradecer Mr. George Diaz por tomarse el tiempo de escucharme y por comprender mi vida y todo lo que eso conlleva. No soy una persona fácil porque siempre estoy de prisa, pero él fue paciente y encontró la forma de sacar esto adelante. George también se tomó el tiempo de investigar mi vida real; no sólo las mentiras que se han escrito en algunos libros o la información incorrecta que está en internet. Fue más allá de todo eso y se contactó con mi hijo Robin y con mi esposa Felicidad.

Ya sabes que tuve una vida difícil pero también muy bella. He vivido como he querido vivir, he hecho casi todas las cosas que he querido hacer y sin embargo he sido un hombre de familia. He tenido mucho dinero, que he perdido y vuelto a ganar. He sido engañado, estafado y robado por personas en la que confiaba, pero también tengo el amor de mi familia, que ha estado a mi lado contra viendo y marea. Mi esposa, ay, mi esposa, es ella quien debería ganar todos los cinturones y las estatuillas. Ella es la persona en la que más confío.

Mi corazón pertenece a mi país: Panamá. Es donde nací y fui criado, y es donde algún día moriré. Aunque en algunas ocasiones me he sentido traicionado por mi país o despreciado por quienes he peleado, no guardo ningún odio o rencor. Todo el contrario: amo a mi país y cada vez que entré en el ruedo, lo hice pensando en que estaba triunfando por mi gente. Al final del día, no soy sino un hombre más. Como cualquier otra persona, me he equivocado, pero no me arrepiento de mis errores porque sin ellos quizás no sería el hombre que soy, y con seguridad no habría peleado con el hambre con el que peleé en esos campeonatos. Sigo siendo ese joven cuya infancia le fue arrebatada por una vida difícil y sigo siendo el joven que ganó su primer título mundial en Nueva York. Eso nunca cambiará. Gracias, George, por contarle mi historia al mundo en mis propias palabras. Esta es la vida de Roberto «Manos de Piedra» Durán. Esta es la vida de un hijo de Panamá.

—Roberto Durán

En 1971, unos pocos días después de mi cumpleaños número quince, fui con mi tío al antiguo Fronton de Jai-Alai en Miami a ver la primera pelea Ali–Frazier en una pantalla gigante. Ese día quedé fascinado con el boxeo, una forma de guerra tanto física como psicológica.

Eventualmente llegué a las primeras filas como periodista donde cubrí algunos de los momentos más dramáticos de la historia del boxeo, incluyendo la infame «Bite Fight» en Las Vegas. Esa noche de verano de 1997, Mike Tyson encontró salida loca de la pelea contra Evander Holyfield.

En un momento de frustración, el más rudo de los rudos encontró la forma de escapar.

¿No es esa la narrativa de Roberto Durán, en una de las peleas más icónicas de la historia del boxeo? Es fácil generalizar cuando de héroes deportistas se trata, pero la pregunta perdura. ¿Fue bueno o malo? ¿Ganador o perdedor? ¿Fuerte o débil?

En su carrera, Roberto Durán fue todas estas cosas. He intentado ser fiel a su historia y él no tuvo reparos en tratar de contar su complicada y conflictiva historia en el mundo del boxeo y como héroe para la gente de Panamá.

Para mí también fue un proceso complicado el intentar juntar todas las piezas del rompecabezas con Roberto. Como todo buen boxeador, Roberto aprendió a seguir adelante y no quedarse atrapado en el pasado. Siempre está mirando hacia delante al próximo round. Pero encontró so camino; gracias, en gran parte, a su maravillosa familia, incluyendo a su esposa, Fula, su hijo Robin y su hija Irichelle. Todos nos ayudaron a Roberto y a mí a juntar las piezas y toda la familia estuvo de acuerdo en revelar las verdades más difíciles, aquellas que no siempre lo retrataban en su mejor luz. Gracias, Roberto, por ser fiel a ti mismo después de tantos años: una mezcla de amabilidad, rareza, obstinación, tenacidad y humor.

Gracias a ti también, Sugar Ray Leonard, por el papel que jugaste en contar esta historia y por ayudarme a tejer la narrativa de un hombre que alguna vez fue tu peor enemigo y que ahora consideras uno de tus mejores amigos. Y muchas gracias a mi pareja, Theresa, mi mejor amiga, mi fan más acérrima en este y cualquier otro proyecto en el que me embarco.

Un libro, al igual que la vida, es un viaje colaborativo. Entran personas. Otras se van. Algunas se quedan. Sea lo que sea, todas dan forma a tu historia. A través de las circunstancias y las casualidades, Roberto Durán apareció en mi vida. Juntos, contamos su historia. Espero que la disfrutes.

—George Diaz